労働者階級の反乱

地べたから見た英国EU離脱

ブレイディみかこ

光文社新書

まえがき

それは２０１６年６月24日の早朝だった。

「おおおおおっ」という配偶者の叫び声と共に、わたしは目覚めたのである。

「離脱する、離脱するんだ、俺たちは……。オー・マイ・ゴーーーーッド」

自分が離脱に入れといて「オー・マイ・ゴッド」もないもんだが、配偶者は雷に打たれたような顔でテレビの前に座り込んでいた。

この配偶者と一緒になって20年になる。結婚と同時に（正確にはそのちょっと前から）わたしは英国南部のブライトンにある公営住宅地の一つに住んでいる。

ここは生粋《きっすい》の労働者階級の街だ。戦後まもなく建てられ、サッチャー政権の時代に払い下げにされた、典型的な英国の古い公営住宅地で、親子3代ここに住んでいるという人々もけっこういる。近年こそ、住宅価格の高騰で、他の地域には家を買えなくなった若い中流階級のカップルなどが、あまりガラが良くないという評判の（ゆえに住宅価格が上がらない）うちのような地域に住宅を購入して引っ越してきたりするので、街の雰囲気が変わってきた部分もあるが、20年前からここに住んでいれば、やはりご近所づき合いがあるのは生粋の地元民になる。

わたしが住んでいるような地方都市の昔ながらの公営住宅地は、白人の英国人の居住者の割合が非常に高い。流行りの映画やドラマに出てくるような、黒人の少年たちがクールに舗道でラップしているロンドンの公営住宅地とは違う。ああいった公営住宅地は、たとえば音楽界ではアーバン（都市）・ミュージックのふるさとと呼ばれるのだが、それと比べれば、わたしが住んでいるような公営住宅地は、カントリー、田舎なのである。

わたしがこの地区に引っ越してきたのは、トニー・ブレア率いる労働党政権が発足した頃だ。以降、政権が代わるにつれて変わる街の風景を見てきたが、わたし自身も地元で保育士として働くようになると、政権や政策が変われば、最もダイレクトにその影響を被《こうむ》るのは、わたしが住んでいるような地域なのだということを肌で感じるようになった。

一方、わたしの配偶者はもともとブライトンの出身ではなく、ロンドンのイーストエンド（*貧困層、移民層が多く住むロンドン市東側の地区）の労働者階級の街で生まれ育った。だから、しぜんと彼の友人たちも同じ地域出身の労働者階級の人々になる。

彼らもまた全員が白人の英国人である。その友人たちの輪の中に、わたしは一人の東洋からの移民として入っていったわけだが、はじめから全員に受け入れられたわけではない。差別的なことを言われたり、そんな態度を取られた経験もある。が、そうした人々とは疎遠になっていったので、現在でもつき合いのある人々は、人種差別主義者や排外主義者ではないと、少なくともわたしは思ってきた。

実際、家族も、知り合いもない異国の地に一人でやってきて、仕事を見つけたり、出産したり、育児したりしながら生活していくのだから、それは困ったことや途方に暮れることの連続であり、そういうときにわたしを助けてくれたのは、近所の人々であり、配偶者の友人たちやそのパートナーたちのサポートの輪だった。彼ら無くして現在のわたしはいないと言ってもいい。わたしが生まれ育った国の人々に比べると、なんだかんだ言っても彼らはとても寛容で、多様性慣れした国民だと切実に感じていた。

ところが、である。

EU離脱投票で離脱派が勝利した瞬間、彼ら英国労働者階級の人々は、世界中から「不寛容な排外主義者」認定されてしまった。投票結果分析で、英国人労働者階級の多くが離脱票を投じ、彼らこそがブレグジット（Brexit＝EUからのイギリス脱退）の牽引力になっていたことが判明したからである。

だからといって、白人英国人の労働者階級の人々がみな離脱派だったと決めつけるのは短絡的だし、差別的ですらある。が、実際、わたしの周囲では、1人か2人の例外を除き、全員が離脱票を投じていた。

えらいこっちゃ、と思った。

周囲の人々とは、彼らがEU離脱についてどう考えていて、どういうスタンスを取っているのかということはずっと話をしてきたのでだいたいわかっていたが、わたしが改めて「えらいこっちゃ」と思ったのは、投票の結果を見て、わたしの周囲にいるような人々が英国中にいたのだと知ったからである。

「ダーリンは離脱派」、などとふざけたことを言ってる場合かどうかは別にしても、そもそもわたしの配偶者自身が離脱に入れた労働者の一人だった。これまでは「労働党支持」という点で、大まかには同じ政治的考えを持っていたわたしたち夫婦が、真逆の投票を行なったのは、ＥＵ離脱投票が初めてのことだった。

これが海の向こうの国や、同じ国内でもあまり彼らのような人々とは接することのない場所から見ているのなら（日本からの駐在員、留学生、観光客はあまり彼らに接する機会がないことをわたしは経験から知っている）、「信じられない」「排外に走った愚かな人々」と遠くから罵倒《ばとう》しておけばすむだろう。

だが、わたしは彼らのど真ん中に生きているのだ。

家庭の内外で彼らと生活している人間にとっては、単純に「理解の範疇《はんちゅう》を超えている」と上から目線で批判しておけば終わる問題ではない。なぜならわたしは、これまでも、これからも、彼らと一緒に生きていくからだ。

そんなわけで、よく理解できない事柄に出会ったときに人類がせねばならないことを、いまこそわたしもしなければならない、と思った。勉強である。

英国の労働者階級はなぜＥＵ離脱票を投じたのか、そもそも彼らはどういう人々なのか、彼らはいま本当に政治の鍵を握るクラスタになっているのか、どのような歴史を辿《たど》って現在の労働者階級が形成されているのか――。学習することはたくさんあった。この本は、その学習の記録である。

第Ⅰ部では、世論調査の結果やメディア記事を引用しながら、英国のブレグジットと米国のトランプ現象は本当にイコールで括《くく》っていいものなのか、ということを叩き台に、なぜ英国の労働者階級の人々の多くがＥＵ離脱を選んだのか、そしてその後のＥＵ離脱の動きや、英国の政治状況を追ってみた。

第Ⅱ部では、労働者階級出身の友人たちへの聞き取りや、現労働党党首ジェレミー・コービンのブレーンたちも参照したのではないかと思われる２０１６年の話題書、ジャスティン・ジェスト著『The New Minority: White Working Class Politics in an Age of Immigration and Inequality（ザ・ニュー・マイノリティ　移民と不平等の時代の白人労働者階級政治）』(Oxford University Press　未邦訳）を読みながら、現代の労働者階級のエスノグラフィー的な位置づけ、彼らの政治意識、彼らの支持を得るために政治がすべきこと、などを学んだ。

第Ⅲ部では、100年前まで遡《さかのぼ》り、英国労働者階級の歴史を振り返った。彼らの連帯のはじまり、エスタブリッシュメントとの闘いの経緯、保守党と労働党の政権交代の歴史、労働者階級がクールだった時代と没落した現代など、政治、社会、カルチャーの側面から、「貧乏なのにやけに誇り高い階級」はどのように形成されてきたのかを探ってみた。

このように、本書は、英国在住のライターが、EU離脱投票で起きたことを契機として、配偶者を含めた自分を取り巻く労働者階級の人々のことを理解するために、まじめに勉強したことの覚え書きといえる。

まったく個人的な学習記録ではあるが、ロイヤルファミリーやアフタヌーン・ティーの階級についてはよく知られていても、日本にはほとんど伝えられていない階級の人々の現状や、主流派とは違うもう一つの英国の歴史について、祖国のみなさんに少しでも関心を持っていただけるきっかけになればと願っている。

労働者階級の反乱——地べたから見た英国EU離脱　目次

第Ⅰ部　地べたから見たブレグジットの「その後」

（1）ブレグジットとトランプ現象は本当に似ていたのか

◇ブレグジットを支持した人々と、トランプを支持した人々

英国のブレグジットと米国のトランプ現象は、これまで常にセットとして語られてきた。ポピュリズムの高まり、庶民の右傾化、ブレーキのきかない排外主義、「終わりの始まり」などの言葉で、２つの事象は結び付けられ、大西洋の両側で起きた同じ現象のように語られてきた。

しかし、ブレグジットとトランプ現象は、本当にそれほど似ていたのだろうか。

双方の投票結果の分析は世界中で行なわれてきた。ブレグジットは英国北部の、かつて製

造業が栄えていたが今は衰退している地域で、またトランプ大統領は、いわゆる「ラストベルト」（＊「さびついた工業地帯」の意。米国中西部から北東部に位置する、かつては鋼業、石炭、自動車などの主要産業で栄えていたが、現在は衰退した工業地帯）といわれる地域で、人々の心を捉《とら》えた点で相似していると報じられた。「社会の進歩や経済の繁栄に〝取り残された人々〟が、愛国心をひけらかす危険なポピュリズムに乗せられた」というのが、ブレグジットとトランプ現象をセットとして語るときの決まり文句だった。

確かに、高齢者がブレグジットやトランプに票を投じ、若者はそうしなかったところは似ている。

だが、相違する点がある。英国のブレグジットが、「労働者たちの反乱」といわれるほど労働者階級の人々に支持されたのに対し、米国のトランプ大統領は、じつは貧しい層には支持されなかったことが明らかになっているのだ。

表1、**表2**を見ても明らかなように、米国では中流から上流がトランプ政権誕生を支持し、貧しい層はクリントン支持のほうが多かったことが明確に数字に表れているが、英国では、裕福な層ほど残留を支持し、貧しい層は離脱を支持していた。これを見比べれば、ブレグジットは「貧しい労働者階級の反乱」だったといえるかもしれないが、トランプ現象にそうし

た側面があったとはいいづらい。

◇ブレグジットを支持した英国民は、じつはトランプ嫌い

ブレグジットとトランプ現象が本当に似たような現象だったとすれば、トランプは、ＥＵ離脱派の英国人にも支持されているはずである。トランプ本人が自らを「Mr.ブレグジット」と呼び、「ＥＵ離脱の投票で離脱派が勝ったのだから、自分も絶対に大統領選で勝つ。これは時代の必然だ」と選挙戦で語っていたことは有名なのだから。

しかし、じつはトランプ大統領は、英国では一貫して人気がなかった。実際、わたしの周囲にいる離脱派の労働者たちも、「あれはダメだ」と口をそろえて言っていた。２０１６年８月（ＥＵ離脱投票の２か月後）の「YouGov UK」（英国の市場調査会社）の世論調査では、「トランプに非常に好感を持っている」と「どちらかといえば好感を持っている」を合わせた数字は、わずか８％だった。ＥＵ離脱キャンペーンの核となった右翼政党ＵＫＩＰ（英国独立党）の支持者なら、ほぼ全員がトランプ支持でも良さそうなものだが、同党の支持者のみの調査でさえ、「非常に好感を持っている」と「どちらかといえば好感を持っている」を

年 収	クリントンに投票(%)	トランプに投票(%)
25万ドル以上	46	48
25万ドル以上 24万9999ドル以下	48	49
10万ドル以上 19万9999ドル以下	47	48
5万ドル以上 9万9999ドル以下	46	50
3万ドル以上 4万9999ドル以下	51	42
3万ドル未満	53	41

(The New York Timesによる出口調査結果)

表1 「2016年アメリカ大統領選挙」における収入別投票結果

収入による階級カテゴリー	残留に投票(%)	離脱に投票(%)
AB(A：アッパー・ミドルクラス、B：ミドルクラス)	57	43
C1(監督、管理職、事務系の労働者)	49	51
C2(高スキル労働者)	36	64
DE(中スキル、または無スキル労働者、失業者)	36	64

(出典：Lord Ashcroft Polls)

表2 「2016年イギリスEU離脱投票」における収入別投票結果

合わせても49％。半分にも満たない。

２０１７年2月に行なわれた調査では、トランプ大統領の人気は前年より少し上昇しているが、それでも「非常に好感を持っている」と「どちらかといえば好感を持っている」を合わせても19％であり、「まったく好感を持っていない」が59％、「どちらかといえば好感を持てない」が14％で、調査を受けた人々の73％がトランプ大統領に好感を持っていない。

こうした数字が語っているのは、安易にブレグジットとトランプ現象をイコールで括ることの危険性だろう。

トランプが大統領に選ばれた直後、英国首相よりも先に彼からニューヨークに招かれたのは、ＥＵ離脱派のリーダーだった右翼政党ＵＫＩＰの元党首、ナイジェル・ファラージだった。選挙の5日後には、トランプタワーの金色のエレベーターにトランプ大統領と並んで立ち、満面の笑みで自分の存在感をアピールしていたファラージは、トランプには、「英国での自分のような存在なのだ」と思われていた。

しかし、実際のところ、ＥＵ離脱投票の1年前に行なわれた英国総選挙では、彼は国会議員にさえ落選している。この選挙で、ＵＫＩＰは全国で1議席しか獲得できなかった（その当選した議員も後に離党して、議員数ゼロになった）。さらに、ＥＵ離脱投票からちょうど

1年後に行なわれた2017年6月の総選挙では、UKIPは全滅。国会に1人の議員も送り出せなかった。

この点は海外では見落とされがちだが、UKIPが不気味に勢力を伸ばしたのは、2014年の欧州議会議員選挙だった。泡沫《ほうまつ》政党のはずだったUKIPが、保守、労働の二大政党を抜いて、欧州議会における英国第一党に躍《おど》り出て、「英国が右傾化した」と大騒ぎになったのである。しかし、それから1年後の総選挙では、わずか1議席しか獲得できなかった。

とはいえ、EU離脱投票のキャンペーンでは、再び勢いを盛り返し、英国を離脱に導いたのだったが、その政党が翌年の総選挙で全滅してしまうとは、どういうことなのだろう。

英国民は、そんなに目まぐるしく右翼的になったり、左翼的になったりして、短期間でコロコロ変節を繰り返しているのだろうか。

◇英国にはトランプのような首相は誕生しない

これはじつは単純なことで、英国の人々は、EU議会と英国議会とをまったく別物として切り離して考えているのだ。以前から、双方の選挙における投票の傾向は、違うものになりがちなのである。

「ＥＵ議会では、英国の国益をガンガン強く主張してくれる愛国的な政党がいいけど、国内の政治は、運営能力と経験のあるきちんとした政党でないと任せられない」

と英国の人々はよく言う。労働者階級の人々ほど、そういう傾向が強い。国の経済が少しぐらい悪化したところで大勢に影響がないミドルクラス以上の人々なら、冒険的な投票をしてもいいだろう。が、景気が悪くなるとすぐに暮らしが苦しくなる階級ほど、国内政治を左右する選挙ではノリに任せた投票などはしない。

彼らはトランプを支持した米国の人々とは異なり、政治の経験も乏《とぼ》しいのに奇抜な政策を唱えるような人物を国のトップにするようなリスク・テイカーではないのだ。

「英国にトランプのような大統領が誕生することがあると思う？」と、わたしは幾人もの労働者階級の人々に尋ねたが、答えはすべて「ノー」だった。それも皆、鼻で笑うような、「とんでもない」と一蹴《いっしゅう》するような言い方をする。

忘れられがちな事実だが、ブレグジットは、国の指導者を選ぶための投票ではなかった。だから英国が「右傾化」したといっても、トランプやマリーヌ・ル・ペンのような指導者が現れて急激に支持を伸ばしたというわけではなかったのだ。

ＵＫＩＰのナイジェル・ファラージにしても、市場調査会社「YouGov」による政治指導者の人気調査（２０１６年6月から12月まで）では、調査参加者に政治家の好き嫌いを答えさせて計算した人気指数を見ると、常にマイナス50からマイナス60の間を彷徨《さまよ》っていて、最も人気の低い指導者のうちの一人だ。だが、一番人気がないのはトランプで、いつもマイナス50からマイナス70のあたりを彷徨っている。

ちなみにメイ首相は、２０１７年6月の総選挙の前に保守党マニフェストを発表した同年5月までは、人気指標は0からマイナス30の間を推移していたが、5月以降はマイナス50よりも下に落ち込んだ。

意外にも最も人気が高いのは、メディアから激しいバッシングを受けてきた労働党党首のコービンで、同5月までは0からマイナス30までの間で推移していたが、それ以降はプラス25からプラス50の間で推移した。

実際のところ、ＥＵ離脱投票でも、離脱派のリーダーは不在だったといわれた。投票前のキャンペーンにしても、あり得ないといわれていた離脱派のムーヴメントが急に勢いづいたのは、ファラージ率いるＵＫＩＰが始めた運動に後から乗っかる形で、与党保守党の大物たち、ボリス・ジョンソンとマイケル・ゴーヴが加わったときだ。次期首相候補といわれていた2人が指導者として参加したことで、離脱派の主張が人々の耳に、俄然《がぜん》、信ぴょう性のあるものとして聞こえ始めたのである。

この首相の座を狙っていた保守党の大物たちは、EU離脱に強い信念を持っているというよりも、残留派を率いていた元キャメロン首相に対するクーデターとして、離脱派に寝返ったといわれている。だから、投票で離脱が決まった後は、今度は2人で権力争いを繰り広げ、結局それがバックファイヤーして両者とも失脚し、彼らの権力争いとは何の関係もなかったテリーザ・メイが首相の座を手にした、というか、火中《かちゅう》の栗を拾う結果になった。

さらに、右翼政党UKIPのナイジェル・ファラージも党首を辞任したので、海外のメディアは「そら見たことか」「離脱派のリーダーは、いざとなったらみんな逃げている」と囃《はや》し立てたが、英国の地べたの人々の反応はけっこう醒《さ》めていた。

彼らの大半は、特にUKIPとファラージが好きだからとか、ジョンソンやゴーヴの主張に心酔したからとか、そういう理由で離脱に票を投じたわけではなかったから、彼らが辞めてもパニックに陥るというような心情でもなかったのである。

◇ブレグジットは文化社会的な問題だったのか

だから、英国側から米国のトランプ現象を見ていた私も、テレビのニュース番組などで、いわゆる「取り残された人々」と呼ばれるラストベルトの白人層が、「トランプがすべてを変える」「アメリカは再びグレイトになる」などと熱っぽく語っている映像を見ると、これはブレグジットとは温度差があるのではないかと思わずにはいられなかった。

少なくとも、英国の労働者たちは、ブレグジットさえすれば英国は再びグレイトになるなどと思ってはいなかったと思う。だいたい、英国が真にグレイトだった頃に生きていた人なんてもういない。少なくともわたしの知る範囲では、ブレグジットに多大な夢や希望を抱いていた人はいない。

むしろ、あのままキャメロン政権のごり押しの緊縮政治が続き、苦しい生活からの出口が見えないのは我慢できない、このままではいけない、せめてこの機会を使って下々の者たちの怒りを為政者《いせいしゃ》に知らせなければ、というようなことを訴えていた人が多かった。

戦後最大の歳出削減で、国立病院や学校、福祉、公共サービスを縮小し続けていたキャメロンとオズボーン元財相の政治は、労働者階級からは切実に忌《い》み嫌われていた。その2人が残留派のリーダーとして前面に立ってキャンペーンを繰り広げていたのだから、「残留派はネオリベのエリート」といわれてもしかたのない一面はあった。

英国では伝統的に「緊縮財政は金持ちのための政策」といわれている。デフレのほうが資産が目減りしないので、富裕層は喜ぶし、彼らには「下層の人々より多い金額の税金を払わされている」という認識があるので、福祉への財政投資が増えると、自分たちの税金をザブザブ使わないでほしいと不満を抱きがちだ。

さらに、裕福な層は、公共サービスが削減されても何の影響も受けない（裕福な層は病院も学校も私立を利用しているし、福祉も関係ない）。

このような理由から、昔から緊縮財政には「保守党がする政策」というイメージがついている。残留派の顔だったキャメロンとオズボーンは、英国人にとって「金持ちのための政策」を象徴する人々だったという事実、そして、EUとそれを主導するドイツのメルケル首相が、欧州の緊縮財政を象徴する存在であるという事実が、英国の有権者におよぼした心理的効果は小さくはなかったと思う。

英紙『インディペンデント』（2016年10月31日付）が掲載した、エセックス大学政治学教授、アーサー・キングの談話が興味深い。彼はこう言っている。

「離脱派が勝ったのは、たとえ彼らは自覚していなかったとしても、そこには常にまっとうだと捉えられる意見があったということです。トランプは、ミソジニー（女性蔑視《べっし》）から排外主義までの一貫した価値観のセットを代弁していましたが、ブレグジットはそうではありませんでした」

離脱票を投じた人々の最大の関心事が「移民問題」であったために、ブレグジットは排外主義とレイシズムの高まりを象徴する出来事として受け取られ、トランプ現象の先駆けと理解されたが、国内に居住する者としては、あの投票結果を単なる文化社会的な問題として片づけるのは、あまりにも短絡的というか、そこに至るまでの英国の国内政治や社会の変遷の経緯が、ほとんど理解されていないように思われた。

（2）いま人々は、国民投票の結果を後悔しているのか

◇国民投票の結果は「ファイナル」ではなかった

ブレグジットは、ＥＵとの交渉が始まる前の段階でさえ、国内で「すったもんだ」としかいいようがないような迷走ぶりを見せた。国民投票で離脱派が勝利したので、英国はＥＵを離脱する、と誰もが思っていたのだが、じつはＥＵ基本条約（リスボン条約）50条の発動（ＥＵへの離脱通知の提出）は、国民投票の結果だけではできないということがわかったのである。

いったん国民投票の結果が出ると、残留派たちがデモや署名運動で再投票を求める運動を

行なったが、その一方で、投資ファンドマネージャー、ジーナ・ミラーは、「国民投票には法的効力はないので、ブレグジットを実際に行なうには議会承認が必要だ」という訴えを起こした。

彼女の主張はこうだった――我々は議会制民主主義の制度の中で生きているのだから、国民を代表している議員たちの決断がファイナルのはずであり、法的な実体のない国民投票の結果は、「議員たちの考える材料」程度の意味しかない。だから、国民投票の結果だけをもって、政府がＥＵ基本条約50条に拠《よ》る「離脱通知」を行なうことは、デモクラシーに反する独裁だ。こう彼女は訴えたのだ。

これを受け、英国高等法院は２０１６年11月、50条発動には議会承認が必要であるとの判断を下した。

しかし、メイ首相はこれに上訴、最高裁での審理に持ち込んだが、２０１７年１月に最高裁も、「国民投票は政治的に重要ではあるが、議会法にはその結果を受けてどうすべきかは定められていない」とし、議会承認なしに50条は発動できないとの判断を下した。

この一連の出来事は、英国の人々にとって、「あの大騒ぎした国民投票はいったい何だったの??」という脱力感をおぼえさせるに足るものだった。

「国民投票の結果こそが、国民が決めたことなのだから、それを尊重することがデモクラシーだ」と激怒する離脱派の声。「議会制民主主義では、議員たちに決定権は委託されているので、国民の声はデモクラシーではない」と主張する識者たち。「今こそ議員たちが分別を持って愚かなブレグジットを覆《くつがえ》すべき」と声高に叫ぶ残留派たち。いろんな人たちが思う、いろんなヴァージョンのデモクラシーが各方面から叫ばれた。

結局は、議会も国民投票の結果を尊重する形で50条発動を承認したが、1年が経過する間に地べたの英国民のあいだに見られるようになったのは、デモクラシー疲れ、または、ブレグジット疲れ、とでも呼びたくなるような症状であり、「もうデモクラシーにはうんざり」「いい加減どっちにするのか決めてほしい」といった会話が交わされるようになっていた。

◇「ブレグレット（=Bregret)」していない英国の人々

そんな経緯もあってか、周囲を見回すだけでも、昨年（2016年）のEU離脱投票では残留票を投じたけれども、その後は「往生際が悪い。残留派がいつまでも食い下がるのは潔《いさぎよ》くない」と離脱派に回った人や、離脱票を投じたけれども「ああだこうだともめている間に、離脱に抱いていた強い思いも冷めた。冷静になると残留でいいかも」と残留派になった人などもいる。わたしの周囲だけでもそうなのだから、国内にはスタンスを変えている人も相当数いることが推測される。

しかし全体的に見ると、英国の人々は「Bregret」（Brexit〔ブレグジット〕＋Regret〔後悔〕を合わせた新造語）はしていないという世論調査結果が出ている。

英国議会が国民投票の結果を承認して、ついにメイ首相がＥＵ基本条約50条を発動し、ＥＵにブレグジットの通知を行なった２０１７年３月29日、「YouGov」が行なった世論調査で、44％の人々が「ブレグジットは正しかった」と思い、43％の人々が「ブレグジットは間違っていた」と思っているという結果が出た。大手メディアの論調は「人々は昨年の国民投票の結果を後悔し始めている」「離脱派が心変わりし始めている」というものだったが、じつは英国の人々の意見はまだ拮抗《きっこう》しており、それほど後悔しているわけでもないということが明らかになった。

離脱・残留ではまだ意見が二分されるものの、「ブレグジットの交渉を進めるべきだと思うか」の質問に対しては、「英国がＥＵを離脱することをサポートするし、政府は交渉のプロセスを始めるべき」と答えた人が44％、「ＥＵ離脱はサポートしないが、国民投票の結果が離脱だったのだから、政府は交渉を始めるべき」と答えた人が25％で、「EU離脱もサポートしないし、交渉プロセスも始めるべきではない」は21％に留まった（10％は「わからない」）。じつに69％の人々が、政府はさっさとEUとの交渉を始めて、ブレグジットに着手してほしいと答えていたのである。

◇人々がブレグジットに求めているもの

残留派だった労働党の党首、ジェレミー・コービンが「国民投票の結果を尊重して、ブレグジットの交渉を始めるべき」というスタンスを明らかにしたとき、左派の中には「これは裏切りだ」「労働者たちに擦《す》り寄りすぎて、進歩的な人々の支持を失う」と批判する人々もいた。

が、じつはコービン陣営は、先のような数字をしっかりと見据《みす》えて、この「もうさっさと次の段階に進んでほしい」と考えていた69％の人々の票を取りにいったといえるだろう。いや実際、残留に票を投じた人々の中にも、再度の国民投票を要求する一部の残留派の運動には賛同しない人々が増えていたのである。

しかし、いわゆる「ハード・ブレグジット」（強硬離脱。ＥＵ単一市場からの離脱と移民制限のセット）に向けた交渉を始めるべきだと人々が思っているかといえば、それはまったくそうではない。前述の「YouGov」の調査でも、「移民の制限のほうが単一市場に残ることよりも重要」と答えた人々は16％に留まり、「単一市場に残ることのほうが移民の制限よりも重要」と答えた人々のほうが24％と数的に勝っている。

もちろん、「移民の制限をしながら単一市場に残りたい」という、ＥＵ側から「そんな虫のいい話はあり得ない」と却下されているスタンスを支持する人が40％と一番多いのだが、それが不可能だった場合、「移民の制限」よりは「単一市場」を取りたいと思っている人々のほうが多いことになる。

ここでも、２０１６年に国民投票で離脱派が勝ったという事実について、単なる「排外主義の高まり」「一国主義の台頭」という社会文化的な分析が妥当だったのか、という問題が浮上してくる。もしも排外主義が第一の動機であれば、人々は単一市場などぶっちぎっても、移民の流入を止めることを選ぶだろう。

英国の人々が（その多くが離脱に票を入れた労働者階級の人々も含めて）、「移民制限」という社会文化的な問題より、「単一市場に残る」という社会経済的な問題を重視しているということは、労働者たちにとって離脱は、文化的な動機（移民への不満）より、経済的な動機（生活への不安）のほうが大きかったということを示しているのではないだろうか。

（3）労働者たちが離脱を選んだ動機と労働党の復活はつながっている

◇メイ首相の誤算と、労働党の予想外の復活

労働党党首のジェレミー・コービンは、2015年9月の党首選で、泡沫候補と呼ばれながらも草の根の人々の熱狂的な支持を集め、奇跡の勝利を果たしたが、その後、長い間、党をまとめることができず、運営能力の低さを露呈し続けた。議員たちのクーデターや、影の内閣（＊Shadow Cabinet：英国で野党第一党が作るもう一つの内閣。政権交代時の準備と現政権の監視が

目的）のメンバーの辞任などが相次ぎ、労働党内はかつてないほど揉め続け、存続の危機とまでいわれた。

だが、そんな労働党議員たちの態度とは裏腹に、一般の労働党員からのコービンの人気は抜群で、入党を希望する人々が後を絶たず、党員数は2倍に膨《ふく》れ上がっている。

しかし、それと逆行するように、メディアや識者、議員たちは彼をバッシングし続けている。また、コービンもその側近たちも、それまで実際に政党運営に関わったことのない労働党最左派と呼ばれた人々だったため、問題発言があったり、細かい運営上のミスが発生したりして、労働党の支持率は急速に落ち、戦後最弱の野党第一党と呼ばれていた。

これに慢心したのか、２０１７年3月、メイ首相は、6月に解散総選挙を行なうことを発表する。世論だけでなく、党内でも、彼女が主張する「ハード・ブレグジット」に反対する声があり、ブレグジットの交渉を行なう上で、「国民の委任を私は得ているのだ」という立場を固めるために、彼女は選挙で圧勝をおさめるつもりだった。

実際に、解散総選挙を発表した時点では、両党の支持率の差は25ポイントも開いており、誰が見ても保守党の大勝は確実に見えた。

しかし、両党がマニフェストを発表した週から、どんどんその差は縮まりはじめ、選挙の前週にはわずか5ポイントになり、結局、メイ首相の保守党は、辛勝したものの議席が過半数割れという、誰も予想しなかった事態になった。

メイ首相は、自らが提唱するハード・ブレグジットに向けての交渉を進めるために足元を固めるどころか、進退問題まで噂されるようになり、選挙後には労働党の支持率が保守党を抜く状況になってしまった。

が、これなども、本当にEU離脱投票の結果が「英国の右傾化」を意味していたとするならば、どうしてそのたった1年後に、英国の人々が「強硬左派」とまで呼ばれているコービン率いる労働党に魅力を感じているのか、説明がつきにくい。

◇米国人が不思議に思った、ブレグジット支持者とトランピアンの奇妙な違い

2016年6月23日のEU離脱投票の数日後に、ワシントン・ポスト運営の政治・経済分析ブログ、「Wonkblog」に興味深い分析記事が掲載されていた。

筆者のマックス・エーレンフロイントは、EU離脱投票のキャンペーンで、離脱派の勝利の決め手となった「離脱すれば、週3億5千万ポンドのEUへの拠出金を、NHS（National

Health Service、無料の国民保健サービス）につぎ込むことが可能になる」との主張が、じつはデマだったとわかって、英国で大騒ぎになっていることについて、「米国から見れば奇妙な現象だ」と書いていたのだ。

「米国人は政治家が約束を撤回することに慣れっこになっているのかもしれない。が、それにしても、英国のEU離脱派のキャンペーンの中核を成した柱が、離脱すればNHS（明確に社会主義的なヘルスケア制度）にもっと投資できるという約束だったということは、米国の人々にとっては驚きだろう」と彼は書いている。ブレグジットと同様に欧州の右傾化の象徴とされている、フランスのマリーヌ・ル・ペンの国民戦線も、「社会保障を拡充させる」と言って人気を集めてきた。

ところがトランプは、メディケアや社会保障への支出こそ減らすとは言っていないが、オバマケアを撤廃しようとしており、欧州の右派ポピュリストが成功する決め手となった「国家規模での社会保障制度」を重視していないとエーレンフロイントは書く。彼の分析によれば、英国のブレグジット支持者や欧州の右派は、移民政策や人種に基づく不安と、国家社会保障の拡充の要求を共存させている。が、米国では、移民への不満や不安を持つ人は、国家全体で「誰でも受けられる社会保障」、特に医療サービスへの財政支出の増大には否定的な傾向があるという。たとえば、白人の米国人を対象に行なわれた調査では、黒人の勤労態度に対するネガティブな見解と、福祉拡充に反対するスタンスとのあいだには明らかなリンクが見られ、共和党支持者の5人に4人が、「米国で成功できない黒人が現在の状況にあるのは、彼ら自身の責任だ」と考えており、民主党支持者でも約半数がそう考えているという。つまり、米国では、移民に対してネガティブな考えを持つ人々は、誰でも平等に使える社会保障制度に対しても反対の立場を取っているというのだ。

確かに、こうした社会に住む人々から見れば、ブレグジットの離脱派が、「誰でも無料で医療サービスが受けられる平等な医療制度」に並々ならぬ熱い思い入れを持ちながら、移民にネガティブな反応を示しているというのは、おかしな現象に感じられるだろう。

米国の場合、排外主義と自己責任論は結びついており、それが右派・保守派の特徴になっているが、英国や欧州ではそこがねじれているというのだ。だから、トランプが欧州のポピュリストたちの真似をすれば勝てると思い込み、欧州の社会主義的な社会保障政策まで完全にコピーするようになったら、彼は必ず右派からの支持を失うだろうというのが、エーレンフロイントの分析だった。

◇緊縮財政と排外主義のリンク

英国のEU離脱投票で、離脱に入れた人々の最大の関心事は「移民問題」だったという調査結果が出ているが、2番目は「NHS」だった。投票前、テレビの討論番組などを見ていても、観客席の人々からは、「EUからの移民が増えすぎている」「EU移民を制限しないと」という意見がさかんに出ていたが、それらは移民そのものに対する不安や憎悪というよりは、「移民が増えて病院の待ち時間が長くなっている」とか、「移民が増えて公営住宅が足りなくなっている」「移民が増えすぎて英国人の子どもが近所の学校に通えない」というように、必ずといっていいほどインフラ不足や公共サービスの質の低下への不満とセットになっていた。

これは重要なことで、英国の人々が排外的になっている理由を示していると言っていいと思う。

英国は、もともと移民を受け入れてきた歴史を持つ国であり、日本のような国とは違って、中高齢者だって、若い頃から近所に移民が住んでいたり、移民と交際や結婚をしたり（右翼政党ＵＫＩＰのファラージ党首でさえ、妻はドイツ人だ）、一緒に仕事をしてきた経験は持っている。そもそも、英国人がそんなに排外主義的な傾向を持つ国民なら、英国は今のような国にはなっていないだろう。

ブレグジットの背景には、保守党政権が２０１０年から推進してきた強硬な緊縮財政政策があったことを見逃すわけにはいかない。

２０１０年に労働党から13年ぶりに政権を奪還した保守党は、２００８年の金融危機の影響を無視して、「不景気は労働党政権の使い過ぎのせいだ」と言って選挙に勝った。「スリムで、効率よく、無理のない国家をつくる」というキャンペーン・スローガンで政権を握ったのである。

そしてキャメロン元首相とオズボーン元財相は、第二次世界大戦後最大規模といわれる超緊縮財政政策に着手した。「債務残高がＧＤＰ比90％に近づいている英国は、このままではギリシャのような状況になる」と国民を脅し、２０１４年までに総額８１０億ポンド（約12兆円）の歳出削減を目標とし、４年間で25％前後もの予算削減を行なうと発表した。

経済学者たちから「危険」という批判も受けながら、数十万人規模での公務員解雇と賃金凍結、公共サービスの縮小、大学授業料の大幅値上げ、福祉削減など、保守党は財政投資の大胆な削減を進めていった。

この削減のスピードはすさまじく、国立病院には閉鎖される病棟が出現し、公立学校の教員は目に見えて減り、福祉を切られて路頭に出るホームレスは増え、フードバンク（＊市場で流通できなくなったが品質に問題のない食品の寄附を受け、生活困窮者などに配給する活動を行なう団体とその活動のこと）が激増。賃金凍結で公務員のストが頻発して（ブレア政権とブラウン政権の時代は、ストはもはや過去の話になっていた）、地べたレベルでも国の風景が一変した。

こういう状況下で移民が入ってくるとどうなるかというと、それでなくとも公共インフラが削減されているのに、利用者の数ばかり増えていくじゃないかという印象を与えてしまい、公共サービスが劣化すればするほど人々の不満が高まる。

つまり、インフラや公共サービスを充実させている時代であれば、多少移民の数が増えたところで、人々は排外的になる必要もなく、みんなで分け合いましょうという心の余裕も出てくるのだ。

移民・難民の時代と、戦後最大級の削減政治の時代は、致命的なほどミスマッチだった。

「そういうことはない、どんなときでも一人一人が心を入れ替えて他者に優しくなれば、乗り越えていける」という精神論は美しいが、その美しさをすべての人々が生きる目的にしたいと思っているかどうかは別の話だ。ましてや他者に優しくなれない人々を非難し、叱りつけるだけでは、事態は好転しない。

わたしは保育士だが、たとえば、幼児のトイレ・トレーニングは、人前で排泄《はいせつ》するのは「人間として野蛮で恥ずかしいこと」だから人間が最初に訓練される事柄なのである。で、これはスムーズにできるようになる子もいるし、ちっともマスターできない子や、一度できるようになったのにまたできなくなる子など、時間のかかる子たちもいる。

そんな子たちに、どうしていつまでたってもおまるで排泄できないのだと怒って、「人として恥ずかしくないのか」「性根がなっとらん」と批判し、叱りつけたところで、何の効果もない（というか、よけいできなくなる子が多い）。

そんなとき、保育士が考えるのは環境を変えることである。「おまるを置く場所を変えてみようか」とか「音楽をかけてみようか」とか、これまでとは環境を変えてみると、なぜかきちんとおまるに排泄できるようになるのである。

環境をばかにしてはいけない。昔から移民を受け入れてきた国で、急に排外主義が盛り上がる時期には、そうなりやすい現実的な環境（経済など）というものが必ず存在するのであり、その環境を改善することこそが、時代のムードを変えることに繋がる。

（4）排外主義を打破する政治

◇反緊縮派の問題意識

80年代の英国労働党の伝説の左派議員だった経済学者のスチュアート・ホランドは、その著書『Beyond Austerity: Democratic Alternatives for Europe（緊縮を超えて ヨーロッパのための民主的な代替案）』の中で、ナチスの台頭を生んだのはハイパーインフレだったというのは誤解で、じつはデフレと緊縮こそがナチスを生んだのだと書いている。

ヴァイマル共和政の紙幣の発行のしすぎによるハイパーインフレは、１９２０年代の半ばまでには落ち着いていたのであり、１９２９年のウォール街大暴落で始まった世界恐慌を受けて、1930年から1932年まで首相を務め、同時に一時財務大臣も務めたハインリヒ・ブリューニングが緊縮政策で対応しようとしたため、大量の失業者を出してしまった。ナチスはこの民衆の不満に乗じて劇的に支持を伸ばす。

2008年の金融危機を受けて欧州全体で進められているドイツ主導の緊縮財政と、排外主義や極右政党の台頭が叫ばれる現代は、この時代にそっくりだとホランドは指摘する。だからこそ、緊縮財政を今すぐ終わらせなければ非常に危険なのだという意識は、少なくとも欧州の反緊縮派たちにはある。

スペインの急進左派政党ポデモスの党首、パブロ・イグレシアスや、EUに改革を迫る欧州規模での政治団体DiEM25（Democracy in Europe Movement 2025）を主宰するギリシャ元財務相ヤニス・ヴァルファキス、フランス大統領選挙で健闘したジャン・リュック・メランションなどは、明らかにこの問題意識を持っている。

そして英国労働党のコービンも例外ではない。だから彼は、昨年のEU離脱投票のキャンペーンでも、「移民の増加を心配するからといって、その人はレイシストではない」と言って、労働者階級に寄り添おうとした。「君たちはレイシストです」と労働者たちの不安や不満を悪いこととして決めつけ、ただ頭から否定すれば、右側に寄っている労働者たちが戻ってくることはないからだ。

コービンは、労働者たちの生活を圧迫しているのは、移民ではなく、保守党の緊縮財政なのだということを繰り返し説いたが、ＥＵを痛烈に批判してきた彼が、離脱投票では急に残留派に回ったことにはあまり説得力はなかった。彼自身、心から残留を呼び掛けているようには見えなかったからだ。

実際、わたしは、コービンは、「ＥＵに抜本的改革を求め、それができなければ離脱もあり得る」と言って仏大統領選を戦ったメランションのような強硬な立場を取りたかったのではないかと思っている。コービンは、２０１５年の党首選時ではそういう態度をほのめかしていたからだ。が、いまや大政党を率いている彼には、そんなラディカルなことは言えなかった。

そのときの失敗もあったので、２０１７年６月の総選挙では、コービンはブレグジットや外交政策にはほとんどといっていいほど触れず、国内政策のみに絞って選挙戦を戦った。公共インフラへの投資、雇用創出、医療、教育、住宅、福祉など公共サービスへの支出増大の積極財政を打ち出し、鉄道、郵便の再国有化などを謳った労働党のマニフェストは、「反緊縮マニフェスト」と呼ばれた。

そしてそのマニフェストが若者だけでなく、多くの労働者たちの心を掴《つか》み、「選挙日があと1週間遅かったら労働党が勝ったのではないか」といわれるほどの激しい追い上げを見せたのである。

◇古くて新しい政治の予感——若者たちのドブ板活動

2017年6月の総選挙の結果マップを見ると、2016年6月のEU離脱投票で離脱に投票していたイングランド中北部の地域が、見事に労働党の赤い色に染まっている様は壮観だった。

こうした地域は、必ずしも多くの移民が入ってきているわけでもないのに、特に排外的になっているといわれていた場所である。これらの地域はもともとは労働党の支持基盤だったのだが、「第三の道」を提唱したトニー・ブレア以降の新自由主義的政策で人々の心が離れ、労働党は「地べた社会との接点を失い、エリート的になった」といわれて久しかった。

右翼政党UKIPとその党首ファラージが支持を伸ばしたのが、まさに、このような地域だった。だが、2016年にファラージが党首を辞任してUKIPが求心力を失うと、「ハード・ブレグジット」路線で右傾化した保守党が、ＵＫＩＰに代わって中北部で支持を伸ばしているといわれていた。

それなのに、このような地域で労働党が票を取り返したのは、保守党が「認知症税」と呼ばれる悪名高き政策（高齢者に、持ち家を死後に手放させることによって、自分のケア費用を負担させようとする政策）や、高齢者の冬季暖房費補助に資産調査を導入する案など、いかにもケチくさい緊縮案をマニフェストに盛り込んで庶民をドン引きさせたせいもある。

だが、それだけではない。

労働党は、「激戦区」と呼ばれる前述のような中北部の地域50区で、集中的なドブ板活動を展開した。しかも、こうした戸別訪問キャンペーンの中心になったのは、コービン効果で労働党に入った若者たちだったのだ。

コービン派の若者たちは、大学生や大卒のインテリが多く、地方の労働者階級の人々とは劇的に違う価値観や、考え方を持っている。この左派と労働者階級の意識の乖離《かいり》が、左派の苦戦の原因であり、これを乗り越えなくては労働党の復活はあり得ないと、労働党の影のアドバイザーともいえる若手論客オーウェン・ジョーンズは繰り返し嘆いてきた。

労働党とコービン派の若者たちは、それを克服する方法を見つけたようだ。「ツイッターで政治を議論し、たまにデモに行くのが政治活動だと思っている」といわれていた左派の若者たちが、中北部の労働者階級の街に行き、一軒一軒地域の人々の家のドアをノックし、地べたの労働者たちと語り合う姿は、何か非常に古くて新しい政治のはじまりを予感させた。ふだんだったら知り合う機会もないだろう、まったく異なるクラスタの人々が、語り合い始めたからだ。こうしたドブ板の結果、50の激戦区のほとんどで労働党は勝っている。

コービン派の若者たちにドブ板の重要性を教えたのは、米国のバーニー・サンダース（＊2016年米国大統領選挙の民主党候補者選びでヒラリー・クリントンを相手にまさかのまさかの大接戦を繰り広げた無所属の政治家。貧しい人々、弱い立場の人々の側に立ち、驚異的な支持を集めた自他ともに認める社会主義者）の陣営だった。メイ首相が解散総選挙を発表するや否や、コービン陣営とサンダース陣営が繋がり、サンダースの大統領選でキャンペーンを行なったスタッフ4人が英国に渡り、各地で労働党の選挙ボランティアを対象に、「ドブ板のやり方」のセミナーを開いた。彼らが実際的、実地的な訓練をコービン派の若者たちに伝授したのだ。

こうした地に足のついたグラスルーツ型（草の根型）の運動は、労働党にとって、自分たちの政策を直接有権者たちに広めるだけではなく、市井《しせい》の労働者たちが何を考え、どんな不満や不安を抱えているかということを知り、それに合わせて軌道修正を図る上でも有効な方法だという。若者たちのドブ板は、労働党のフィールドワークでもあるのだ。

コービンは、今後も平素からこうした選挙活動を続けていくと宣言している。

実際、わたしが住んでいる公営住宅地でも、コービン派の若者たちが活動をはじめている。これまでは、ＵＫＩＰやＢＮＰ（英国国民党）などの右翼政党の党員しか活動していなかった、大政党には見捨てられてきた地区だが、その地域のど真ん中にあるコミュニティセンターで、先日もコービン派の若者たちがマイケル・ムーアの『シッコ』の上映会を行なった。

このような映画は、ふつう、大学生やお洒落でヒップな人々が多い街のミニシアターで上映されるもので、それがうちのような公営住宅地の、しかもコミュニティセンター（公民館みたいなものだ）で上映されるというのでびっくりしたが、上映会の後には、米国の医療システムの問題と照らし合わせて、ＮＨＳの問題を語り合うディスカッションも行なわれていた。

これなどはまさに地域に根差したグラスルーツ型の活動である。

◇政治の行方を決める鍵を握る労働者階級

コービン党首の労働党は、大学無償化をマニフェストに盛り込んだこともあり、若者に熱狂的に支持されているといわれた。実際、コービンの支持母体「モメンタム」のメンバーにも圧倒的に若者が多いし、労働党自体もそうしたイメージづくりを図ってきたといえる。だが、２０１７年6月の総選挙後の投票結果の分析を見ると、じつは労働党に投票したのは、若者が中心ではなかったことが明らかになっている。「YouGov」によれば、労働党に票を入れた人々の54%は40歳以上の人々であり、30歳未満の票は全体の26%に過ぎなかったという。

これには、若年層の投票率が劇的に上がったといわれながら、最終的には58%だったこと、投票率は年齢を重ねるごとに高くなることが関係している（70歳以上では84%）。

投票におけるあるクラスタの影響力を調べるには、そのクラスタの何%がどの政党に入れたかということだけでなく、そのクラスタの何パーセントが投票に行ったかということも加味しなければならない。

「YouGov」は、労働党に投票したかどうかは、年齢よりもむしろ学歴の差によるものが大きいと指摘している。大卒者の49%が労働党に投票したが、GCSE（義務教育修了資格）レベルの学歴の人々では33%に下がる。やはり、今後、労働党がさらに支持層を伸ばそうと思うなら、この「学歴による意識の乖離」を埋めることが必要であり、労働者階級を取り込めるかどうかが今後の政治の行方を決める鍵になるといっていいだろう。

昔ながらの岩盤のように変わらない保守党支持者の層に比べると、若者たちは「生涯一党主義」のような古臭い考えは持っていないので、たとえば労働党から緑の党に鞍替《くらが》えする可能性もあるし、高齢者に比べれば、やはり投票に足を運ばない。

労働党が政権交代を起こすには、労働者階級の中高齢者、まさに伝統的な労働党の支持ベースを再び呼び戻すことが必要不可欠だ。

２０１６年のEU離脱投票の頃は、左派のインテリたちは、遠巻きに彼らを見て、「排外的だ」「冷静に物を考えていない愚かな人々だ」と批判し、眉をひそめていた。

しかし、「我ら」対「彼ら」の構図で見ている限り、「彼ら」を「我ら」に取り込むことはできない。

左派は、いまこそ労働者階級の人々と対話し、その価値観や不満や不安を理解しなければならない。その努力を放棄したら、英国にも経済政策に長けた右派勢力（UKIPはその点がお粗末だった）が登場し、彼らがそちらに流れる可能性は十分にある。

もはや労働者階級を悪魔化し、離れた場所から批判していればすむ時代ではない。ブレグジットという「労働者階級のちゃぶ台返し」を経験した英国の左派は、ようやくそれに気づいた。コービン労働党の躍進とその戦略の進め方は、世界の左派にヒントを与えるはずだ。

(5) ミクロレベルでの考察——離脱派家庭と残留派家庭はいま

◇チャンネル4制作『ワイフ・スワップ　ブレグジット・スペシャル』

ここまでは、政党政治レベルでの「ブレグジット、その後」を見てきたが、一般家庭のレベルでは、EU離脱投票から1年が過ぎたいま、人々の分断や亀裂は埋まり始めているのだろうか。

そのテーマを扱ったのが、2017年6月15日、英国チャンネル4が放送したテレビ番組『ワイフ・スワップ　ブレグジット・スペシャル』だった。

『ワイフ・スワップ』は、２００４年から２０１３年までのあいだ、チャンネル４で放送された人気シリーズで、実在するリアルな２つの家庭の母親を入れ替えて、１週間生活させてみるというリアリティー番組である。階級やライフスタイルがまったく異なる２つの家庭の母親を入れ替えることで、互いの家庭に起こる衝突や、新たな発見、対立や和解などを赤裸々に見せるシリーズとして、英国民に愛された番組だった。

それが４年ぶりに、単発特別番組として『ブレグジット・スペシャル』を放送したのだ。これは、典型的なＥＵ離脱派の家庭と、やはり典型的なＥＵ残留派の家庭の母親をスワップする企画で、投票から１年が過ぎたいま、国内を分裂させた「ブレグジター（離脱派）」と「リメイナー（残留派）」の相克《そうこく》はどのようになっているのか、そしてその亀裂は個人レベルでは乗り越えていけるものなのか……を探るというのが、番組制作の趣旨になっていた。

番組中でスワップされる妻２人は、ポーリーンとキャット。ステレオタイプすぎるほど典型的な離脱派家庭と残留派家庭の母親たちだった。

離脱派家庭のポーリーン（年齢は明かされず。おそらく40代）は、夫のアンディ（スキンヘッドにサッカーのイングランド代表チームのシャツを着たりしていて、見るからに白人労働者階級の外見。地元の倉庫でシフト勤務している）と結婚して９年になる。自分の娘である14歳のケイティと子犬のマイロと一緒に、エセックス州のキャンヴィー・アイランドに住み、パブの店員として働いている。

キャンヴィー・アイランドは、「イーストエンドから引っ越してきた白人労働者階級の街」「離脱派の街」として知られている。昨年のEU離脱投票では、離脱に投票した人が全体の72％で、全国で3番目に高かった。ポーリーンと夫のアンディは、「残留票を投じた近所の人を知らない」と言う。

一方、残留派家庭のキャット（39歳）は、パートナー生活4年目のロジャー（長身で日焼けし、長めの髪のいかにもリベラルそうな外見）と、自分の娘である17歳のソフィーと一緒に、ノッティンガムシャー州の農場（緑の美しい田園地帯のヴィレッジでの暮らしは英国ではミドルクラスの象徴）に住み、職業はサイコセラピスト。ドイツ生まれで、17年前から英国に住んでいるキャットは、緑の党員で地方議会議員でもあり、政治活動に熱心だ。彼女は昨年のEU離脱投票の前、地元で熱心に残留を訴えるキャンペーンを行なった。娘のソフィーも政治に高い関心を持ち、母親の活動を手伝っている。

◇埋まらない溝

それぞれの家庭に新しい母親として到着したポーリーンとキャットは、家に入るなり自分が住んでいる環境とは全然ちがうことに気づく。

キャット（残留派）は、ポーリーンとアンディの家のキッチンや庭、インテリアを見て、「とても英国的、家も庭も」と嘲笑《ちょうしょう》しながら言う。そして右翼的な新聞と呼ばれている『デイリー・エクスプレス』がキッチンに置かれているのを見て、「デイリー・エクスプレスが何の役に立つか知っている？　犬におしっこさせたらいいのよ」とのっけから攻撃的だ。

一方、ポーリーン（離脱派）は、キャットとロジャーの田園地帯にある美しいコテージ風の家のキッチンに立ち、窓から見える風景に「美しい」と驚嘆するが、やはりキッチンのテーブルの上にある左派紙『ガーディアン』を見て、「ふん、ガーディアン」と冷たい微笑を浮かべる。

離脱派家庭に到着したキャットは、ポーリーンの夫アンディと、会ったその日から口論を始める。キャットをもてなそうと庭で赤ワインを勧めたアンディだが、話題がブレグジットになると、移民に対する不平不満を口にし始める。

「彼らは、国に入ってきて10分後には（福祉の斡旋《あっせん》で）家に住むことができる」

と言うアンディに、キャットは、

「そんなことは不可能です」

と、ぴしゃりと言う。アンディが『デイリー・メール』紙や『ザ・サン』紙などのタブロイド紙に書かれている移民関連記事を鵜呑《うの》みにしたようなことを次々と言うのにうんざりし、

「それは嘘です」

「どこでその情報を得たのですか」

「それは事実ではない」

と、一つ一つ根気よく（だが攻撃的に）否定していくが、アンディはそれに対し、

「君はすべてに関するファクトを知っている。俺は知らない」

と、うんざりしたように言う。それは自分より知識のある人に対する尊敬の言葉というよりは、キャットを心からうざいと思っているような言い方だ。

一方、残留派家庭に到着したポーリーンは、初日からキャットと夫ロジャーの友人たち（もちろん残留派）をディナーに招かねばならないことになっていて、キャットがその晩の

ために決めておいたフランス料理を、レシピに従って作る。ディナーの席で、

「(最近の英国は) ポリティカル・コレクトネスが行き過ぎている」

と離脱派のポーリーンが言うと、見るからにエコ系左派の女性が、ディナーを噴きそうになる。

「悪いけど、その言葉はこのテーブルでは禁止!」

と、その女性は言葉を荒げ、

「ポリティカル・コレクトネスの行き過ぎ、と言うことは、自分は失礼な人間になりたい、と言っていることなのよ」

と、ポーリーンを叱りつける。この雄弁な女性は、

「あなたは欧州人のアンチなの? それとも有色人種のアンチなの? 最終的にはそういうことなのよ」

とブチ切れ、ポーリーンはレイシストだと言う。実際、ポーリーンは、右翼政党UKIPのナイジェル・ファラージに心酔しているが、

「私はレイシストではない。海外で生まれ育ったし、ヨーロッパ人にも有色人種にも偏見はない」

と反論する。しかし、左派の女性に、

「それはまるで、私には黒人の友達が大勢いる、と言っているようなものでしょう。それがレイシストの常套句《じょうとうく》なのよ。ますますレイシストみたいに聞こえるから、そんなことを言うのはやめたほうがいい」

と、やり込められる。

この女性とずっとテーブルで口論していたポーリーンだが、彼女の意識が変わったのは、おとなしく座っていたドイツ人女性が、EU離脱投票以来、レイシズムのターゲットにされていると感じるようになったと淡々と話したときだった。唾《つば》をかけられたり、「ナチスの国に帰れ」と言われたという彼女の体験を聞かされ、ポーリーンは、「言葉も出ない」「そんなことが本当に起きているのは知らなかった」と言って涙ぐむ。

◇「わかり合えないことがわかる」ということ

一方、残留派のキャットは、離脱派のポーリーンの職場であるパブに働きに行く。そしてそこでも、客たちと政治の話を始める。

「ＥＵ移民と難民はまったく違う問題なんだから、混ぜて考えるのは間違っています」

「ＥＵ移民はこの国の経済に貢献しています」

と、彼女が声を大きくしてレクチャーをすればするほど、地元の人々は、

「移民はずっとこの国に住むつもりはない。何年か働いて自分の国にある自分の家の住宅ローンを終わらせたら帰っていく」

「俺たちの国の経済は利用されている」

「移民はレストランやホテルやいろんな場所で働いている勤勉で善良な人たちだ。だがそうした移民の中には、犯罪者やテロリストもまじって入ってくる。１人でもそうした奴が入ってくるのなら、入れないほうがまし」

と、口々に反論する。キャットは声をからせ、最後にはほとんど泣きそうな顔になってパブのカウンターの中に立ち、

「ハッピー・ブレグジット」

と、皮肉を飛ばして客たちと乾杯している。

一方、離脱派のポーリーンは、残留派のキャットの娘のソフィーから、キャットが娘を連れてドイツに帰ることを考えていると聞き、キャットのパートナーであるロジャーとそのこ

とについて話す。ロジャーは、

「(EU離脱が決定して以来）彼女はもうこの国に属している気分になれないと言っている。こんなことになるとは、18か月前には想像もできなかったけど」

と言って、パートナーと義理の娘を失うことを考えて涙を堪《こら》えながら、

「だからと言って、誰かを責めるつもりはない。そもそも、人々に対して怒ったり、憎んだりすることが、現在の英国の状況を招いてしまったのだから」

と言う。家庭を何よりも優先するポーリーンには、政治思想のためにパートナーと現在の生活を捨てようとしているキャットの気持ちが理解できない。

一方、残留派のキャットは、移民制限を叫ぶアンディをポーランド料理のレストランに連れていって、ポーランド移民の友人たちに紹介する。基本的に気のいい下町のおじさんであるアンディは、そこで若いポーランド人の女性たちとジョークを飛ばし合ったり、一緒にポーランドの伝統音楽に合わせて踊ったりして楽しそうだ。だが、そのことが、彼のブレグジットに対する姿勢を変えることはない。

番組の終盤で、離脱派のポーリーンは残留派キャットの娘ソフィーと夫ロジャーを連れて、ホームレスの家族のシェルターとして使われているB&Bを訪れる。そしてそこで、自分も

15年前にホームレスになり、娘と息子を連れて、こうしたシェルターに3か月滞在した経験があることを明かす。

「そこにいた家族の中で、英国人は私たちと、もう一つの家族だけ。あとはみんなヨーロッパからの移民だった。彼らは出ていったり、新しい家族が入ってきたり。でも私たちはずっとそこにいた。どんな人でも、どこの出身でも、ホームレスになる人には同情するし、彼らの気持ちはわかる。でも、すでにこの国にたくさん家のない人がいる。英国人が先にチャリティーの対象になるべきだと思う」

と、泣きながら話す。が、17歳のソフィーから、

「ごめんなさい。でも、英国人がほかの国の人たちより良い待遇を受けるべきと考える人が多い国には、私は住みたくないと思う」

と、冷静に言われる。

◇「あれか」「それか」の単純な選択ではなく

最終的には、離脱派のポーリーンは、残留派家庭の庭の隅に右翼政党UKIPの党首、ナ

イジェル・ファラージを模《かたど》った小さな像を隠して帰り、残留派のキャットは、離脱派家庭の愛犬が保守派新聞『デイリー・エクスプレス』の上に放尿したのを見て喜んでいる、というシーンで終わる。

結局のところ、2人は、まったく違う政治的考えを持つ家庭になじむことはなかったし、キャットは、1週間だけ彼女の夫だったアンディを、「いい人だったが、時々排外主義的だった」と評し、ポーリーンは残留派家庭での経験を、「居づらかった。自分が取るに足らない、小さな者にされた気がした」と要約した。

この番組の放送後のリアクションは芳《かんば》しいものではなく、離脱派の家庭があまりにもステレオタイプ的で、離脱に票を投じた人々はみなレイシストだという印象を与えたとして、ツイッターが炎上した。

英紙『メトロ』がこれら非難の声をまとめていたが、その中には、「あの番組の離脱派家庭を見たら、恥ずかしくて自分が離脱派だと言えなくなる」「僕が知っている離脱派の人々は、あの家族の百倍ぐらい論理的に、なぜ離脱を選んだのかを主張することができる。本物のディベートを喚起する機会が失われたと思う」「離脱派を代表する家庭があれ？　私はもっと寛大で、知的で、学歴の高い離脱派の人々を知っている」「どうせまた離脱派を安易にレイシストにするんだろうと思っていたから、見なくて正解だった」「ブレグジットに対する違う考え方を分け合い、理解する番組にすればよかったのに。よくある階級に関するステレオタイプの番組にせずに」などのつぶやきがあった。

個人的に印象に残ったのは、残留派のキャットが、離脱派家庭の家の2階の窓から、白地に赤十字のイングランドの旗が下がっているのを見て、それをブルーのEUの旗に変えようとしたとき、アンディが絶対に嫌だと譲らなかったため、結局はイングランドの旗とEUの旗を窓から一緒に下げている光景だった。

どちらかを下げるために、どちらかを引っ込めるという、「あれか」「それか」の二者択一を国民に迫ったのが、EU離脱投票だったという気がしたからである。

それまでは、なんとなく曖昧《あいまい》に両方の旗を掲げていたのに、急にどちらか一方を選べといわれたから、いたずらに国内が分断されてしまった。きっとこれからの英国に必要なのは、再び両方の旗を掲げるスタンスではないだろうか。今度はなんとなく曖昧に、ではなく、意識的に。

登場人物の中で一番大人だったのは、17歳のソフィーだった。リベラルな彼女は1週間だけ離脱派の母親と暮らした経験について、こう語った。

「彼女の政治的な考え方はどうであれ、私は彼女は素晴らしい女性だと思った。私たちはほとんど合意することはなかった。でも英国的価値観というのは、そのことだと思う。私たちは様々なまったく違う見解や信条を持った人たちの中で生きている。それでも、オープンにそれを語り合う。『英国的』というのは、まさにそういうことなんだと思う」

この残留派家庭の子どもの言葉と、離脱派家庭の窓に下がっていた2つの旗が、これからの英国の進むべき道を照らしているように思えた。

第Ⅱ部　労働者階級とはどんな人たちなのか

（1）40年後の『ハマータウンの野郎ども』

『ハマータウンの野郎ども——学校への反抗 労働への順応』（ちくま学芸文庫）という、社会学者ポール・ウィリスの著書がある。１９７７年に英国で出版された同著（原題は『Learning to Labour: How Working Class Kids Get Working Class Jobs』）は、イングランド中部の中等男子学校に通う、最高学年の1級下の労働者階級の少年たち12人を対象としたエスノグラフィーだった。ウィリスは１９７２年から義務教育の最後の2年間を送るこの少年たちを調査し、１９７５年までフォローアップ調査を行なっている。

わたしの配偶者は１９５６年の年末に生まれたので、１９７２年には15歳。まさにこの本の調査対象となった少年たちと同じ年代である。わたしの配偶者はロンドンのイーストエンドのレイトンストーンという労働者階級の街に生まれ育った。したがって、友人たちも全員同じ年代の労働者階級出身であり、その価値観はウィリスの著書に描かれた少年たちにとても近い気がする。

「ミドルクラスとワーキングクラス」を「奴らと俺ら」の構図で考える思考法、権威への一貫した反抗心、マッチョな職場を愛する気風。ウィリスは、肉体労働の世界を志向する「ハマータウンの野郎ども」の価値観は、「イデオロギーに対する能動的な改ざん者」としての主体性を持っていたと書いている。その一方で、彼らは学校や教育という権威にとことん反抗し、自分たちの信じる将来（リアルな仕事＝肉体労働）に向かっての価値観を確固とする中で、じつは「ミドルクラスとワーキングクラス」という階級構造を再生産していくのだと。

わたしの配偶者やその友人たちと話をしていると、『ハマータウンの野郎ども』を思い出すことがよくある。そんな彼らのほとんど全員が、２０１６年のＥＵ離脱の投票で離脱に投票した。あの本に出てきたような、１９７０年代前半にティーンだった労働者階級の少年たちが、60歳前後の年齢になり、ＥＵ離脱の熱烈な支持者になったというのは、年代別、階級別の投票結果の統計とも合致する事実だ。

「右傾化している」と十把《じっぱ》一絡《ひとから》げに表現された彼らが、ＥＵからの離脱に票を入れた理由は、確かに全員よく似ているのだが、微妙に違う部分もある。

ここでは、彼らのうちの数人と個別に話し、1年前のEU離脱投票や、その後の社会と政治、彼らがいま考えていることについて語ってもらったことを記録した。

わたしは彼ら全員を21年前から知っていて、誰かの誕生日とか、誰かの家で行なわれる夏のバーベキュー・パーティーとか、冠婚葬祭の席などで、1年に何度か会っている（人生の修羅場に居合わせてしまった人もいる）。だから、各人のライフ・ヒストリーや考え方はよく知っているので、これはエスノグラフィー調査的な性格のものではない。

しかし、40年後の「ハマータウンの野郎たち」みたいな人々から改めて個別に話を聞くことは、現在の労働者階級について探るという本書の命題において、無益ではないと思われた。

ここからは、その記録を書いていきたい。各人への質問は「ブレグジット」から始めてみた。（以下、――は著者、「　」はインタビュイー。）

◇**サイモン（仮名）の場合**

1955年、ロンドン東部のレイトンストーンで生まれる。地元のセカンダリースクール（中等学校）を卒業後、工場勤務、パブのバーマン、電化製品店店員など職を転々とし、イスラエルのキブツでバナナを育てたり、スペインのトマト農家で働いたりして海外を放浪したが、家業のプロパンガス屋を継ぐために帰国。が、この店も時代の変遷とともに閉店となり、その後は配送業のドライバーとして働き、金を貯めてはタイや中国に旅をしている。生涯独身。ずっと親と同居してきた。現在は両親は他界。エセックス州キャンヴィー・アイランド在住。

——あなたがブレグジットに投票したことは知ってるけど、もう一度その理由を教えてくれる？

「あの状況ではその選択しかなかっただろう」

——どうして？

「誰も俺たちの言うことなんか聞いてやしないときに、俺たちがこの国を変えられるチャンスをもらった。使わずにどうする、と思ったね」

——どういう風にこの国を変えたかったの？

「俺たちの言うことを金持ちやエスタブリッシュメントは聞いてない。俺は、政治をするのは奴らでいいと思っている。俺たちみたいな労働者は、難しいことはわからねえから、本来は政治になんて足を突っ込んじゃいけない。

でも、あいつらがあまりにも俺らを無視しているから。今は労働組合も組織率が低くなって……、移民や若者は組合なんか入りゃしねえから、闘うこともない。……移民は本当に金だけ稼いで自分の国に持って帰るから、彼らはこの国の労働者の待遇の改善なんて全然興味ない」

——でも、移民だってこの国にいる間はきちんと税金払って働いているわけだし、移民労働者は英国経済にも貢献してるよね？　それに、この国に根を張って生活する人たちだっているし。

「でも、そういう移民を安く使って、太る一方の金持ちたちがいる。……俺がこういうことを言うと、大学生の甥《おい》っ子が『叔父ちゃんはブレグジッターだ』って怒るんだけど、この国の労働者の待遇をどんどん悪くしているのは、労働運動にも加わらず、雇用主とも闘わず、反抗もせずにおとなしく低賃金で働く移民だよ」

――じゃあ、サイモンの場合は、やっぱり移民が原因でブレグジットを選んだってこと？

「勘違いしないでほしいが、俺は移民は嫌いじゃないんだよ。いい奴もいるしね。嫌な奴もいるが。そりゃ英国人だって同じだ。

……俺は英国人とか移民とかいうより、闘わない労働者が嫌いだ。黒人やバングラ系の移民とか、ひと昔前の移民は……この国に骨を埋めるつもりで来たから、組合に入って英国人の労働者と一緒に闘った。でも、ＥＵからの移民は、出稼ぎで来てるだけだから、組合に入らない。

この国の労働者たちの待遇改善なんて彼らにはどうでもいい。自分たちが金を稼げて、本国にそれを持って帰って家のローンを終わらせれば、それでOK。労働者の流動性は組合の力を弱めたと俺は思うね」

――サイモンがそんなに組合に思い入れがあるなんて知らなかった。あなたは労働者っていうより旅人っていうイメージだから。

「俺はいろんな国を旅したけど、組合が弱い国の労働者ってのは、やっぱどこでも惨《みじ》めなものなんだ。俺らが若い頃は、英国の組合はまだ強かった。俺は自分の国の組合に誇りを感じていた」

――でもそれ（組合の弱体化）は、サッチャーやブレアの影響が大きいよね？　移民のせいというより。

「政治家が労働者階級のことなんて考えるわけないのは当たり前だ。だから俺たちが俺たち同士で団結してあいつらと闘わなきゃいけないのに、若い奴らとか移民とかはそんなこと考えてもみない。だからどんどん悪くなっていくんだ、そんなの当たり前だ。

賃金が低くなって、待遇は最悪になって、『ゼロ時間雇用契約』（＊雇用主が必要とするときにだけ労働者に仕事を提供するという待機労働契約。週あたりの労働時間が保障されない）なんて、昔は想像もできなかった。で、みんな黙っておとなしくクソみたいな契約で働いている」

――黙ってるってことはないと思うよ。組合はゼロ時間雇用契約を結ばないようにって呼びかけてたよね、被雇用者側に。でも本当に仕事がない人は、やっぱり結んじゃうと思う。何も仕事がないよりいいからって。

「ゼロ時間雇用契約もアレだけど、完全歩合制なんかもひどい搾取《さくしゅ》だ。『毎月口座からチャリティーに寄附が引き落としされるようにしませんか』とかいって、動物愛護のチャリティーのベストやら、恵まれない子どものための基金のTシャツやら着た若い奴らが家に訪問してきたりするだろ。あいつら、完全歩合制だから、一つも申請書にサインしてくれる奴がいなかったら、タダ働きらしい。寒い冬の日も、雨の日も、やってるだろ、あいつら。どうしてああいう手合いが増えてんだ、こんなに。しかも、ああいうタダ働きしてんのは、みんな英国人の若者ばっかりじゃねえか」

——あれ、でも、こないだうちに来たチャリティーのセールスの子は、ポーランド人だったよ。最近はけっこう、あれやってるのも移民がいたりする。

「移民もな、っていうか……、俺はあんたみたいな移民には何の文句もないんだよ。ちゃんとここに住んで、家庭を作って生活しているんだから、もう俺らの一部だ。……問題は、金だけ稼ぎに来て荒稼ぎして帰る奴らなんだ」

——そういう人、誰か実際に知ってるの？

「配達業のドライバーなんて、ポーランド人ばっかりだよ、もう何年も前から。俺の職場も半分はそうだ。で、あいつら安い時給で長時間働くし、どんな無理難題言われても黙って働く。今、サテナブ（＊サテライト・ナビゲーション、カーナビのこと）の言語を外国語に設定できるだろ、だからポーランド語でサテナブが目的地まで車を誘導してくれるし、英語なんてできなくたってドライバーの仕事はできる。ポーランドから昨日出てきたような奴でもできる。で、おとなしく働いて、しばらくして気に入られたら、彼らは兄弟だの友達だのを連れてくる。……で、英国人はちょっとでも雇用主に文句を言うと解雇される。黙って働く人材はいくらでもいるんだから、反抗的なドライバーはいらないってね。……これじゃ働く環境は少しもよくならない」

――じゃあ、当然あなたはハード・ブレグジット支持だね。

「当たり前だろ。そういうつもりで離脱に入れたんじゃなかったとか今さら言っている奴らが信じられない。俺はそれは嘘だと思う。あとで後悔した奴らが、そんなつもりで投票したんじゃなかったとか言ってるだけだ。いざとなったら怖気《おじけ》づいているだけ、俺に言わせれば」

（２０１７年６月３日　キャンヴィー・アイランドにて）

◇**レイ（仮名）の場合**

１９５６年、ロンドン東部のレイトンストーンで生まれる。セカンダリースクールを卒業後、自動車修理工場に勤め、30代で独立し、自分の修理工場を開くも失敗。その後、RAC（Royal Automobile Club）に入社。パトロールマン（走行中にトラブルが生じた車の運転手から連絡を受けて、現場に派遣される修理工）として勤務。過去２人のパートナーとの間に４人の子どもがいるが、全員成長し、３人目のパートナーが美容院経営で成功しているので早期リタイア。パートナーの連れ子たちの学校の送り迎えをしたりして暮らしている。現在もロンドン東部在住。

――ではまず、ブレグジットの投票で離脱に入れた理由を教えてください。

「俺の場合は、どうせ離脱が勝つわけがないんだから、追い上げてキャメロンとオズボーンを慌てさせようと思って入れたクチ。びっくりしたもん、次の日の朝。あんなに驚いたのは、最初のガールフレンドに妊娠したって言われたとき以来」

——ははははは。じゃ、後悔した？

「正直、最初はえらいことになったなと思った。息子がドイツで働いてるし。離脱に入れたって言ったら電話でぼろくそに言われた。……こういう国の一大事をさ、ふつう俺ら市井の人間が決めるなんてできないだろ。……俺らにそういうのやらせたのが間違ってたよな。不満がたまってりゃ、政府に中指突き立ててやりたくなるよ、誰だって。

……最初は後悔したけど、でも、だんだんしなくなったな。残留派がさ、いつまでもしつこく国民投票をやり直せとか言って、国民投票は無効だったとか言い出す小賢《こざか》しい女とか出てきてさ……、あれにはうんざりしたよな。

俺は正直、離脱に入れたことにはちょっと後悔したけど、それでも一度決まったことは決まったことだ。負けた奴らがいつまでも往生際が悪すぎた。いまだにまだ再投票とか言ってるバカがいるしな。潔くない」

――ドイツで働いている息子さんなんていたんだ？　私、会ったことないよね？

「ああ、俺の子どもの中では出世頭。誰に似たのか頭よくてな。銀行で働いている。あいつは勉強できたし、あいつの頃までは金がなくても大学に行けたんだ。まだ授業料無料だったから。同じ銀行で働いていたオランダ人と結婚して、子どもも2人できて、向こうに落ち着いているよ」

――でも、オランダ人と結婚してるんだったら、ＥＵ加盟国民の配偶者になるから、ブレグジットしようとしまいと息子さんのドイツ居住権は安泰《あんたい》じゃない？

「そういう問題じゃないらしい。どうして英国人が欧州の国に自由に出ていって仕事を見つけたり、結婚したりするチャンスを奪うのかって怒られた」

――それは一理あると思う？

「あるとも思うが、素直に頷《うなず》けない部分もある。だって俺たちの世代だって、国の外に出たい奴は出て、そこで生活してきた。俺らの仲間にだって、オランダに移住した奴もいれば、デンマークに住んでいる奴もいる。いまみたいにEU圏内で国境が開かれているわけではなかったから、そらビザとか面倒はあったと思うけど、行きたい奴はビザを取って行ってたよ。面倒くさくなるから行けないっていうのは、最初から行きたくないんじゃないのか。EU離脱したからって、人間が動けなくなるってのは嘘だよ。動きたい奴は動く」

——まあね。それは、わたしもビザないと住めない国から来て住み着いている身分だから(笑)、言ってることわからなくもないけど。じゃあハード・ブレグジット支持なんだね？

「いや、俺はそこはわからなくなってきた。ハードだのソフトだの、コンタクトレンズじゃあるまいし、こいつら何言ってんだと思ってたけど、要するにハード・ブレグジットがEU離脱のことで、ソフト・ブレグジットってのは、なんだかんだ言いながら、結局は残留しますってことだよな。

俺は最初は離脱って知って後悔したぐらいだから、……いいんじゃないのかなと思えてきた、ソフトも。国民投票のやり直しとかさ、そういうバカげた大騒ぎをまたしないで、しれっと残留できるんだったら、それが一番いいんじゃないのかな。レイチェル（彼のパートナー：仮名）もそのほうがハッピーになっていい」

——うん、レイチェルは残留派だもんね。

「うん。彼女は、美容院でも客の7割はＥＵ移民だっていうし、使ってる美容師もフランス人とかポーランド人の女の子たちだから。離脱なんて何バカなこと言ってんのって、叱られた」

——息子に叱られ、ガールフレンドに叱られ……（笑）。

「俺だけじゃねえよ。パブで近所の奴らと話してると、俺みたいに家族に叱られている男たちはけっこう多い。やっぱりロンドンに住んでいると、もう移民のほうが人口多いぐらいだから、これでごっそり移民が減ったらどうなるのよ、ってパニックになる人間が多いと思うのよ。俺のビジネスはどうなるんだって。それが一番切実だから。

ロンドンは、労働者階級でもそういう人間のほうがマジョリティなんじゃないの……。俺らなんかさ、小さな場末のパブに集まってユニオンジャック振ってるバカな親父たち、ぐらいの、しょぼい存在感で」

——ははは。

「けどそれが、北部のほうじゃ裏返ってたって話だろ。やっぱバランスの問題だよな。人口の。移民がいないとビジネスできなくなったら、北部も変わるって。ロンドンに関していえば、パブに集まってユニオンジャックの小旗を振ってる男たちってのは、俺らが最後の世代なんじゃねえのかな。そう思うよ」

（2017年6月3日　キャンヴィー・アイランドにて）

◇テリー（仮名）の場合

1955年、ロンドンのフォレスト・ゲートで生まれる。セカンダリースクールの最終学年でドロップアウト。地元のパブやナイトクラブに勤務し、しばらく人に言えないような稼業もやったりして不良街道を歩む。その後、ミニキャブの運転手になって、ブラックキャブの運転手の資格を取得。銀行勤務の妻と結婚して、エセックス州の田園地帯にミドルクラス風の邸宅を購入。友人たちの中では出世頭。子どもは2人とも大学生。労働党員。

――テリーは残留に入れたんだよね。仲間うちでは一人だけ。

「おお。けど、昔からの友達の輪の中ではそうだけど、近所の友達とかは残留に入れた人が多かったよ」

――だってこの辺り、すごいミドルクラスだもん。立派なお宅ばっかりで。

「でも、本当にポッシュな（＊上流階級の、庶民的でない）奴ら、昔からの本物の金持ちの階級は、けっこう離脱に入れてたって話じゃん。ボリス・ジョンソンみたいな奴ら。この辺の家に住んでいる人たちは、ほぼ全員ワーキングクラス出身だから。ブレアの時代に成功した人たちが多い」

――あー。でも、その層が多いんだろうね、残留派は。ブレアが好きだった人たち。

「俺はいまでもブレアはいいことしたと思っているよ。あの時代は、俺にとっては良かった。だいたい、社会をドロップアウトしたみたいな生き方してた俺に、まともに仕事をゲットするチャンスを与えてくれたのは、ブレアの政治だったから。いまはネオリベラルだの何だの、サッチャーと同じぐらい悪かっただの言われてるけど、ワーキングクラスにチャンスをくれたのはブレアだよ。再びやってきたスウィンギン・ロンドン（＊1960年代、ロンドンで開花したイギリス若者文化の黄金時代）だった。あの時代、黒キャブでいくら稼げたか」

――景気よかったもんね、ロンドンは。でもブレア派はいま、労働党では弱くなってるけど、それでもあなたは労働党員続けてるんだね（彼の家の窓に選挙用の労働党のステッカーが貼られていた）。コービンはブレアとは正反対だけど、ステッカー貼ってるんだ。

「いや、あれは息子の部屋。俺はコービンはダメだとずっと思ってきて、今でもそう思ってるんだけど、息子たちがコービン好きでね。息子の1人は労働党の選挙ボランティアまでやってる」

――大学生に人気あるもんね。授業料無料化するって言ってるしね。父親がブレア好きで、子どもがコービン派だったら、喧嘩《けんか》になんない？

「ああ、まだやっぱりあいつらは青臭いから、理想的な国家だの、ヒューマニティーだの、そういうことばっかり言ってるから、そこでいちいち言い合っててもしょうがねえから黙って聞いてるんだけど。俺は社会主義ってのは全然ダメだと思っている。みんな平等に、公平に、とか言ってると、人間は伸びなくなる。ある程度、競争していかないと、人間は成長しないんだ。能力に関係なくパンを等しく分け合いましょうとか言ってると、みんな子羊みたいになっちゃって、人も国も成長しない。そういう睾丸を抜かれたような国はダメだ」

――そういうこと、息子にも言うの？

「言ったって平行線だから。いまはもうそういう時代じゃないってすぐ言うし。恵まれてるのかもしれないな、あいつらは。だからなんか抽象的なことばっかり考えてるっていうか。コービンじたいが、そうだもんな。彼も生まれ育ちはアッパークラスのお坊ちゃんだから。社会主義とか平等主義とか唱えるのは、だいたい腹を空かしたことのない階級の奴らよ」

――じゃあ、テリー自身は労働党やめたの？

「いや、まだ党員。うちは親子代々労働党員だから、このくらいのことではやめない。党首はどんどん変わっていくものだから。ミリバンド（＊前労働党党首）あたりからひどくなっているけどね」

――ということは、政策とは関係なく労働党員を続けていくってこと？

「『イーストエンド出身の労働党員』ってのは、もはやアイデンティティなんだよ。俺たちワーキングクラスには、保守党の奴らにカウンターを張っていくという任務がある。俺の親父も、祖父もそれをやってきた」

――ふーん。でも、じゃあ結果的には、息子さんたちも労働党に入って、その伝統が引き継がれているじゃん。

「まあな。それはそうなんだけど。ただ、あいつらは恵まれた環境で育っているから、労働者階級とか、そういう風には自分を定義していないだろうし、もしもコービンよりいいと思う政治家とか、政党がでてきたら、軽々と移っていくと思うよ。一生涯、一つの政党しか支持しないとか、そういう生き方は今の若者はしない。

昔の労働者階級は、地元のフットボール・クラブと労働党への忠誠心は死ぬまで変わらなかった。どこに引っ越そうと、階級を登ろうと、絶対に変わらなかった。今は、新しい洋服を着るみたいに、どんどん変わっていく。

……うちの次男なんて、俺のウエストハムを引き継いでない。昔は親がサポートするクラブを息子も引き継いだもんなんだよ。次男はチェルシーとか応援してるから絶望的だ。心底がっかりする。

長男はクリケットに夢中だし。イーストエンドの労働者階級の血を引く男が、クリケットじゃねえだろうって。なんか俺は、それはやっぱ受け入れられないんだよな。まあもうそんなことを言ってもしょうがないけどね」

――じゃあ、彼らがいつか保守党を支持するようになったとしてもしょうがない？

「いいや。そりゃあもう親子の縁を切る時だ」

（2017年6月4日　エセックス州グレート・ダンモウにて）

◇ジェフ（仮名）の場合

1956年、ロンドンのレイトンストーンに生まれる。セカンダリースクールを最終学年でドロップアウト。テリーと一緒に地元のパブやナイトクラブに勤務した後、闇の商売に手を染めて逮捕され、服役。出所後は心を入れ替えて、塗装業者になる。その後、リヴァプールの女性と結婚し、13年間リヴァプールで暮らすが、離婚してロンドンに戻る。現在は20代のタイ人の妻とエセックス州で2人暮らし。

——聞かなくても知ってるけど（笑）、離脱に入れた理由と、いまでも考えは変わっていないかを教えてください。

「離脱に入れたのは、この国はEUからの移民を制限すべきだと思うから。学校も、病院もこのままではパンクする。その考えはいまでも変わってないし、俺はハード・ブレグジットを支持している」

――学校や病院が小さくなっているのは、移民のせいじゃなくて政府が小さくしているからなんだけどね。それを言い出すといつも喧嘩になるんだけど（笑）。

「緊縮はもちろんよくない。ジェレミー・コービンが言ってることだろう？　でも俺はあいつのことは信用していない。バーンと金を出して国を立て直すとか言っているけど、そんな資金がどこから出てくるんだって。そういうのは詐欺っぽくて信用できない。世の中はそんなに甘くねえ」

――コービン提唱のＰＱＥ（＝「People's Quantitative Easing」、人々のための量的緩和）があるじゃん。でも、前にあなた、ぼろくそ言ってたもんね。

「量的緩和は保守党もやったじゃねえか。でも全然効いてない。トリクルダウンなんて、何もトリクルしてこねえんだよ。財政均衡は俺は大事だと思っている。国の借金は返さないと、経済は悪くなる。そら普通の家庭だって同じことだろ、借り換え、借り換えってやってったたって、借金は残る。借金まみれの家は、返さないといつまでたっても借金まみれだ」

――普通の家庭が銀行とかから借りる借金と、国の債務は、ちょっと違うと思うけどね。

「国債のことだろ?……そういうまやかしみたいなのは俺は信用できない。経済学者とか政治家とか、あいつらは末端の生活のことを知らないから。あいつらがアホな実験をやって失敗すると、とばっちり食うのはいつも俺らだ。浮わついたこと言ってても、飯は食えない。ワーキングクラスの人間はそのことを知っている」

――けど、ハード・ブレグジットで単一市場を出ることに対する経済的な不安はないの?

「この国は乗り切れる。俺たちはいつもそうなんだよ。沈むときは沈む。でもまた何度も浮かんできた。まず、きちっと国が主権さえ取り戻して、国のことは自分たちで決められるようにならないと。

EUの官僚たちなんて俺らは選挙で選んでないんだから、知らない奴らにあれこれ決められるのはもうまっぴらだ。第一、ブリュッセルの奴らが英国のことなんて考えるわけないじゃねえか。英国のことを考えるのは英国人だけだ。自分のことは自分でやんないと。そこに戻るだけだ」

——じゃあ、未来のことは心配してない？

「残留したからって、俺らの未来は明るかったか？　真っ暗だったじゃねえか。だったらどっちみち暗いんだし、何か変えてやろうと思ったんじゃねえのか。実際、キャメロンは辞めたし、メイはガタガタだし、俺はコービンは嫌いだけど、労働党が人気出てるせいで、メイまで大学授業料負担減額とか言い出してるし、良かったんじゃねえのか。結果的にはバランスが取れてきたじゃないか。

もう保守党が自分勝手に好きなようにできなくなったから。あのままキャメロンとオズボーンにこの国を任せてたら、えらいことになってただろ。それはみんなわかってたと思う」

——まあ、確かにあのままキャメロンとオズボーンだったら、と思うとぞっとするけどね。

結果的にはいろんなことが変わり始めているけど、みんな1年前にそんなのわかってたわけでもないし、要するに、ギャンブルだったよね。

「俺たちの階級は、賭けないと、何も変わらない。労働者階級はみんな賭けをやって、成功した奴は登っていくし、負けた奴は登っていけない。楽に生きられる階級の人間は何も賭けたくないけど、俺たちは賭けないとどうにもならない階級。俺は生まれてくる子どものことも考えてるし、そのためにもハード・ブレグジットしかないと思う。移民を制限できないんだったら、離脱したって何の意味もないしな」

――予定日、10月だっけ？　これで子ども全部で何人？

「5人目のベイビー。だいたい、あんたもそうだろうけど、うちのワイフだって、然るべきビザをもらうために、まあ俺が全部やったんだけど、書類揃《そろ》えて申請して、しばらくパスポート取られて身動きできなくなって待機して、ようやく許可もらって、みたいな面倒くさいプロセスを経て、ようやくこの国に住んでいるんだよ。

英国人の配偶者でさえそうなのに、ＥＵ圏の移民だけ自由に移動させるってのはどうなんだい？　フェアじゃないんじゃないのか？

……前にテレビで見たんだけど、Ｓｋｙｐｅキッズってのがいるらしい。英国人と結婚しているのに、英国に住むための配偶者ビザが下りないから、妻は外国に子どもと一緒に住んでいて、父親だけが英国にいるっていうケースが増えてるってよ。父親とＳｋｙｐｅでしか話せないから、Ｓｋｙｐｅキッズって呼ばれてるんだ。これなんかどうなってんだい。ＥＵ圏の移民を入れる前に、じつの親子を一緒に暮らさせてやれよ。英国人の親子なのに」

――ああ、いま、配偶者ビザ厳しいんだってね、英国人の配偶者の収入額の基準が引き上げられて、それに達してない場合、外国人配偶者にビザが下りないんでしょ？　聞いたことがある。

「ひでえ話がいっぱいあるよ。ポーランド人の移民とかがカップルでやってきて、子どもつくって学校に通わせてふつうにこっちで生活しているのを見ると、どうして英国人が配偶者や子どもと引き離されて生活しなきゃいけないんだと思う。優先順位が間違ってるだろ」

――まあ、配偶者ビザの話とEU離脱の話は、また別物だと思うけど……。

「違ってやしないだろう。EUだの何だの、国の外のことばかりが大事になって、国の中を犠牲にしてきたんだ。……俺は、国境を閉ざせとか、一国で孤立しろとか言ってるわけじゃない。俺だって外国人と結婚しているし、毎年タイに行ってるし、外国人に対して偏見があるわけじゃない。タイとか行くとよ、貧しくて、上の学校に行きたいのに行けない親戚の子どもとか、いろいろいるから……。

ああいうのは本当につらいし、世の中フェアじゃないと思う。頭もいいし、頑張り屋でいい子なのに、生まれた国や環境のせいで、制限されるのかなって。俺にとってはたいした額じゃないから、いつも金を置いてくるんだけど……、俺にはそれしかできないから……。

国境を開くっていうなら、ああいう子どもも、ビザだの何だの面倒なことしないでも、俺がこの国に引き取れるようにするべきだろう。どうしてEU国だけなんだよ。それも結局は、閉ざしてることに変わりないんじゃないのか、EUの外の世界に向かって?」

――つまり、完全に国境を開くべきだってこと？　黒か白か、みたいなどっちかしかないってこと？　それはちょっと極端だと思わない？

「だってそうだろ、友愛とか平等とかいうなら、難民、経済移民、どんな理由で来てようと、どこの国から来てようと、みんな受け入れなきゃ嘘だろ。ジョン・レノンみたいなこと言うなら、国境なんか無くさないと欺瞞《ぎまん》だろ。でもそうはできねえじゃないか。国の広さには限界がある。国の資源にも限界がある。だから人の動きを制限しなきゃいけない。それならそれですべての外国人に対して平等な方法で制限しないと、ジョン・レノンのいうラブ&ピースじゃないんじゃねえのか」

――あれ？　ジョン・レノン好きだったっけ？

「嫌いだよ。あいつは偽善者だった」

（２０１７年６月17日　イースト・サセックス州ブライトンにて）

◇スティーヴ（仮名）の場合

1958年ブライトン生まれ。生まれも育ちもブライトンの公営住宅地。近所にあった工場で働いていたが、90年代初めに工場閉鎖で解雇。失業保険を貰ったり、職を転々としたり、を繰り返して気ままに生きていたが、2010年に保守党が政権を握り、福祉カットを始めたので、やむなく就職。昔勤めていた工場の跡地にできた大型スーパーで働いている。高齢の母親と2人暮らし。

――では、EU離脱に入れた理由と、いまでもハード・ブレグジットを支持する理由を教えてください。

「まず、主権を取り戻すこと。自分たちで自分たちのことを決め、国境を管理できるようになること。それが必要だと思うから。俺は英国もカナダやオーストラリアみたいにポイント制で移民を制限すべきだと思ってる。UKIPのファラージが言ってたように。どうしてカナダやオーストラリアがそれをやるのはオッケーなのに、英国でそれをやろうと言うと排外主義とかいわれるのかな。英国に不足しているスキルを持った人材を入れるってのは、合理的だろ。

だからハード・ブレグジットでないとダメだ。単一市場に残って移民制限ってのがベストだけど、EUの奴らはそれじゃ虫がいいって言ってるから、じゃあ抜けるよ、でいいと思う」

——私、姪《めい》っ子がカナダに移住したいっていうから、ロンドンでカナダ大使館が移住説明会みたいなのやった時に、ついていったんだ。大きな会場借りてやってて、すごくたくさん人が来てた。あれ、年齢とか学歴とか資格とかで、点数が加算されていくんだよね。姪っ子が、行けるかどうかのシミュレーションで自分の点数を出していた。他にも、列に並んでそれをやってる人がたくさんいたけど、なんか非人間的な感じがした。人間を数値化していくんだよね、コンピューターが。

「でも、それをやるから、若くて、学歴があって、その国が求めているスキルを持っている人間たちだけが入ってくるようになってるんだろ？　それでいいじゃないか。この国の人間だけでは力が足りない分野で手伝ってもらえばいいんだよ。だって、……若い奴らで、ゼロ時間雇用契約とかで働いてる奴らがいっぱいいるだろう。非人間的ってのはああいうことを言うんだ。移民がこの国の若い奴らから仕事を奪うような状況はよくない」

——けど、若くて、学歴があって、スキルを持った外国人を入れることだって、それと同じじゃない？　専門職が移民だらけになって、英国人がスキルのいらない仕事をするようになるっていう構図になるよね？　結局、スキルのいらない仕事がゼロ時間雇用になるから、ポイント制にしたところで、スキルのない若者たちは非人間的な雇用形態で働くことになって、解決にならないんじゃないかな。

「ゼロ時間雇用契約は、政府が禁止しないと。ニュージーランドでは禁止されてるんだろ？　素晴らしいじゃないか。ニュージーランドとか、オーストラリアとか、カナダとか、ああいう英連邦国がやってることを真似《まね》したほうがいい。もともと、ＥＵがどうとか言い出す前は、俺らの兄弟はあっちだったんだ、欧州国じゃなくて」

——労働党のジェレミー・コービンは、ゼロ時間雇用契約を禁止すべきって言ってるよね。

「ああ、俺は労働党のマニフェストはいいと思った。コービン本人はどうかなと思ってきたけど、マニフェストが良かったから、今回（２０１７年６月の総選挙）は労働党に投票した。ブライトンは緑の党が強すぎてよくねえから、労働党に勝ってほしかったけど、また緑の党だった。俺、緑の党のキャロライン・ルーカス、大嫌いなんだ。あと、ＳＮＰ（スコットランド国民党〔＊英国からの独立を目指す〕）のニコラ・スタージョンとか」

——なんで？

「あいつらが喋《しゃべ》ってるの聞くとムカムカする。偉そうにものを言うだろ。ＵＫＩＰや離脱派を頭ごなしにバカ扱いしてたから。コービンはその点、人の悪口を言わないところが人間ができてるなと思う。とはいえ、彼は彼で頼りないんだけどね」

――まだＵＫＩＰ支持しているの？

「いや、いまの党首の言うことには気持ちを移入できない。ナイジェルの頃が良かった」

――けど、たとえば、去年、中国人の移民たちにひどいことしていたこの辺のティーンたちとかは、ナイジェル・ファラージやＵＫＩＰに影響受けていると思わない？（＊筆者補足：彼〔スティーヴ〕は、公営住宅地の一角に大勢で住んでいた中国人労働者の家の壁に、近所のティーンたちが落書きをしたり、石を投げたり、ゴミをたくさん庭に投げ入れたりして嫌がらせしていたのに反対し、毎晩、見回りパトロールをしていた近所のおっさん連のリーダー格だった）

「ＵＫＩＰもナイジェルも、すでに国に入ってきている移民をいじめろとか、排斥しろとかは一言も言ってない。すでに入ってきている人たちを迫害するのは、英国人として恥ずかしい。そういうことをただ面白がってやる子どもたちは、俺は同じ英国人として絶対に許さない。バカな子どもを叱るのは、親の世代の俺たちの仕事だ。

ＵＫＩＰが言っているのは、そういうことではなく、国境の管理の問題だ。レイシズムと国境の管理は別物だろう？　移民制限が必要と言ったら、すぐレイシスト呼ばわりされるが、それは同じことじゃないだろう？　どこの国だって国境制限しているだろう。それが政治の役割だ。

……俺は、職場のスーパーだって、半分以上は移民労働者だ。彼らをバカにしたり、変なことを言う英国人には、俺がいつだって相手になってやる。そういうことに冷たいっていうか、見て見ぬふりの英国人もいるが、俺はそういうのは労働者階級の価値観ではないと思うから」

――労働者の価値観って、あなたから見たら何ですか？

「助け合うこと。困っている者や虐《しいた》げられている者を見て、放っとかないこと」

――じゃあ、ＵＫＩＰ支持からコービンの労働党に心が移っているのも、その価値観に基づいているの？

「UKIPも、ナイジェルの頃は、英国人とか、いや、この国にすでにいる者たちの間の助け合いを強調していた。グローバル主義者は、国の中にいる者よりも、外を大事にする。……EUは、結局ドイツとか、一部の国だけが得をするようにできている。ナイジェルが欧州議会で今でも闘っているじゃないか。彼が欧州議会でEUにガンガン抗議しているのは、毎回見ていてすっきりするね。あれこそ、国の人間たちのことを考えている態度だ。グローバル企業とか銀行のことばかり考えている政治家が多すぎる」

――政治家が末端の人たちのことを考えなくなりすぎていると思う？

「もちろん。ブレグジットだって、今回の選挙の番狂わせだって、全部それで起きている。労働者階級は、間違っていると思ったら『間違っている』と言う。相手が聞かなかったら、首ねっこ掴《つか》んでもこちらを向かせて聞かせる。それでも聞かなければ、キッチンの流し台から何から彼らに投げつけて、聞かなきゃどういうことになるのか思い知らせてやる。またそういう時代になってきたんだよ。若い奴らだってロンドンで暴動起こしたじゃねえか」

――あなたは本当にいい例だと思うんだけど、たとえば海外の人とかは、英国の労働者たちがほんの1年前はEU離脱に投票したくせに、1年たったらコービンの労働党を「いい」とか言って支持しているのは、右から左に唐突にジャンプしているように見えると思うんだよね。

「俺は、コービンの言っていることが全部正しいとは思ってない。核兵器はいらないとか、そういうのは受け入れられない。でも、今度のマニフェストには、そんなことまったく入ってなかったしな。……国内の人間たちの暮らしを良くする、俺たちのために金を使う、っていうマニフェストだったから。

……いま国内にいる大勢の人々の生活を良くすることが、グローバルなビジネスで儲《もう》けている少数の奴らを喜ばすことより大事って言った点では、コービンはナイジェルと同じだよ。でも、ナイジェルとUKIPは、そのための具体的な政策は出せなかったから、限界があった。でも、労働党は大政党だから、それができるんだ。

でも、コービンがこれからEU離脱を撤回させるとか言い出したら、また話は別だ。だって一度決まったものを、結果が自分たちの好きなものじゃなかったからといってひっくり返すのは、デモクラシーに反する。コービンもいまのところそう言ってるから、そこは信じられると思っている。小賢しい、ヒステリックな政治家たちと違って」

（2017年7月1日　イースト・サセックス州ブライトンにて）

◇ローラ（仮名）の場合

1961年ウェールズで生まれる。学校卒業と同時にロンドンに出てきて看護師の道に進み、38年間NHSに勤務し、NHS年金スキームの早期退職制度適用年齢である55歳になったのを機に退職。パートナーと自分の両親の遺産でロンドン郊外に不動産を複数購入し、今後はその家賃と年金で暮らすという。ロンドン地下鉄勤務だったパートナーとの間には子どもはなく、パートナーは膝《ひざ》を痛めて歩行が難しくなり、2年前に退職している。このインタビューは、彼女が勤務していた病院を退職した翌日に行なわれた。

彼女の家のあちこちに同僚や患者さんからもらった花束やプレゼントが置かれていた。

――あなたが離脱に票を入れたということは知っているけど、いまでも正しいことをしたと思っていますか？

「もちろん。たくさんのビジネスが英国に戻ってきて、エキサイティングな時代になると思う」

――そう言い切れるところがすごいと思うけど、ブレグジットで経済は最悪になると予測する報道が多い中で、そう確信できるのはどうして？

「EUの中に留まっていたって、経済が好調かっていうとそんなことはなかったわけだし、たとえば、私の実家のあるウェールズは、EUのおかげでもっとひどくなった。わずかに残っていた産業も海外の人件費の安い国に拠点を移したり、新しくできた工場には、雇用主が東欧からまとめて労働者を連れてきたり……。ビジネスや人が自由に国の間を動けるようになると、産業がなかったところはもっと産業がなくなって、人々の暮らしは惨《みじ》めになるのよ。ここらでそれは止めないといけないと切実に思う。経済は、ただ数字が良くなるのではなくて、ウェールズのような辺境の人々の日常にもその恩恵が出てくるような、そういう良くなり方をしないと、良くなったとはいえないでしょう」

——ウェールズ、離脱票が多かったんだよね、確か。

「私はロンドンに出てきたから、ウェールズに残っている友人や家族に比べると、グローバル経済の恩恵にあずかってきた。ミック（彼女のパートナー。仮名）と一緒に最初に買った小さな家も、30年前はひどいエリアだったんだけど、ジェントリフィケーション（＊都市において比較的貧困な層が多く住む中下層地域に、再開発や新産業の発展などの理由で比較的豊かな人々が流入し、地域の経済・社会・住民の構成が変化する都市再編現象。P226参照）でエリア全体がヒップといわれるようになって、海外の投資家が入ってきて住宅の値段が上がったから、高い値段で売れた。だからもっと大きな家を買うことができて、そこも住宅価格が上がったから、今の家に引っ越して、という風に順調にハウジング・ラダー（住宅資産の梯子《はしご》）を上がってきたし。私にしても、ミックにしても、50代でリタイアできるのは、ロンドンの住宅価格が上がったからだもん。両親の家を売って、ロンドン郊外に不動産を買ったら、おかげ様でその家賃も高騰しているし。ロンドンに出てきたから、私は幸福になれたんだと思う。

でも、ウェールズに残っている人たちのことを考えると、グローバル経済に一票を投じることはできない」

――じゃあ、地元の人たちと心を同じくして離脱に入れたって感じ？

「まあそれだけではないけど。実際、ＮＨＳだって、昔のＮＨＳとは違うし、一度ここらへんで立ち止まって考えたほうがいいと思った。本当に、これで、このまま進んでいいのかって。私はそれじゃいけないと思った」

――ＮＨＳのスタッフはどうだった？　離脱派、残留派、どちらが多かったと思う？

「投票権を持っていない人も多かった。外国籍のスタッフが多いから。ロンドンは本当に外国籍のNHSのスタッフが多いの。英国人のスタッフでは、私の友人はみんな離脱派」

——けどNHSって、外国人のスタッフが多いし、患者さんも外国人が多いし、すごくインクルージョン（＊社会的包摂）が進んでいる場所という印象があるから、離脱派が多いってのはちょっと驚いた。

「多いかどうかはわからないけど、私の周りはそう。部署や地位によっても違うかも」

——あなたはふつうの看護師じゃなくて、資格を取ってカウンセリングもできる立場だったよね。

「うん。最後の16年ぐらいは乳がんの患者さんたちのカウンセリングをやっていたの」

——それ、大変な仕事だよね。気が滅入ることも多かったでしょう。いつも明るくしているからわからなかったけど。カウンセリングの仕事ができるスタッフにも外国籍の人たちは多いの？

「多くはなかったけど、数人いる」

――私は自分が外国人だから思うけど、癌《がん》の患者さんのカウンセリングなんて、自分の母国語でやるのだってトリッキーじゃない。それを英語でやるって、そうとうしんどい仕事じゃないかなという気がするけど……。

「『そういう言い方をしなくてもいいんじゃないか』と思う外国人のカウンセラーは実際にいた。確かに、それは言語だけの問題ではなくて、自分の母国語を喋っていても、経験がないうちは知らない間に患者さんを怒らせたり、落ち込ませたり、そういうことはある。けど、外国人の人々は、英語が100％ではないから、言葉が足りなかったり、言い方がダイレクト過ぎたり……、それはしかたないし、一生懸命やってるんだとは思うけど、揉めごとがあると、担当を変えなければならないことはあった。私たちももちろん、外国人スタッフを助けるし、できる限り役に立ちたいと思うけど、こちらも自分の仕事があるし、できることに限界があるのは認めなくてはいけない。私は、自分のことをレイシストだとは思いたくないけど……」

——それはわかっているよ、わたしが一番よくわかってる（＊筆者補足：わたしは21年前から、配偶者の友人たちのパートナーの中では彼女に一番よくしてもらっているし、必要なときには快く身元保証人にもなってもらった。わたしにだけでなく、彼女の同僚にも、近所の人たちにも、外国人が困った状況に陥っていると、親身になってニコニコ笑いながらやさしく助ける女性なので、彼女は多くの外国人に慕《した》われている）。

「私は医療の現場では、ふつうの末端の看護師や介護士なら話は別だけど、カウンセリングをしたり、患者と話をしたりする医師は、きちんと英語を操れないといけないと思う。母国語レベルでね。健康のこと、特に命に関わるような病に関しては、80％話が通じればＯＫというような問題じゃないでしょう？　患者には100％わかる権利があると思う。

私は外国から来た同僚がいることに関しては何とも思わないし、ディナーパーティーに招かれれば、いろんな国の料理が食べられるし、自分の知らない国の人たちと一緒に仕事をすることは、世界が広がるから大好き。でも、人の命を預かる現場では、せめてきちんと英語が通じないといけないと私は思う」

――そういうことをＮＨＳの英国人スタッフ同士で喋ったりしていた？

「しない。そういうポリティカル・コレクトネスに関することは、ＮＨＳのような職場では絶対に喋れない。私たちは逆に患者さんたちから、……特にお年寄りが多いんだけど、そういう苦情を言われて、患者さんたちをなだめないといけない立場だから。こんなこと、あなたには言えるけど、ＮＨＳ内部の人に聞かれたら大変なことになる」

――処分されるとか？

「少なくとも、上司から呼び出されるのは確か。

一日にきまった人数の患者さんのカウンセリングをこなして、こういう状況ですよ、こういう薬がありますよ、精神的にきついなら、こういう患者さんたちの集まりがありますよとか、通りいっぺんの治療のプロセスの説明をするだけなら、ふつうに英語で会話できる人であれば誰でもできると思う。

けど、カウンセラーの仕事はそれだけじゃないと私は思ってきたの。患者さんたちの不安や悩みを聞くことも大切だし、心を開いて会話する中から、こういうサービスがあるから、これを使ったらどうですか、とか、これはこんな理由でやっている治療だから、それは誤解です、とか言って患者さんの不安を解消したり、最善の状態で患者さんが治療を受けられるように考えて、提案して、人生の辛い時期を乗り越えるお手伝いをする、すごくパーソナルな仕事だと思う。機械的に人数をこなしていくだけの仕事じゃないと私は思っていた。

でも、NHSはもう昔の古き良き時代のNHSじゃない。そういうパーソナルなサービスは資金的に不可能だし、それができるスタッフを繋ぎとめる報酬も払えないから。

だから私みたいに、通り一遍の事務的な仕事じゃなくて一人一人の患者さんとじっくり付き合いたい、とか強く思うスタッフはもう古いんだと思う。そこそこのサービスで数多くの患者さんをドライにこなしたほうがいいんであれば、確かに70%や80%の英語でもこなせるというか、そっちのほうがいいのかもしれない。

NHSは変わったのよ。私は古いタイプのスタッフだから、ここらで辞めるのが潮時《しおどき》だったのかも」

――38年もNHSを見てきたんだもんね。でも、職場を去るの、寂しいでしょ。

「それが……、不思議なことに全然寂しくない。すっきり晴れやかな気持ち」

――えっ。そうなの？　それはNHSが昔のNHSとは違うから？

「こう話していると気づいたけど、それも部分的にはあるのかもしれない」

――もう働く気はないの？

「すごく退屈したら、今度はカウンセラーとしてではなく、ふつうの、末端の看護師としてパートタイムで働いたりすることはあるかも。私は一人一人の患者さんやご家族と触れ合うことが好きだから。それに、難しい英語のいらない仕事でだったら、外国人のスタッフがあまり英語を操れなくても疑問を持つこともないだろうし、私はレイシストなのかなって、自分を疑わずに済みそうだしね」

——自分を疑っていたって、自分を責めてたってこと？

「うん。責めていたんだと思う」

（7月29日　ロンドン、グリニッジにて）

(2)「ニュー・マイノリティ」の背景と政治意識

ここでは、ジョージ・メイソン大学公共政策学院准教授、ジャスティン・ジェスト氏の著作『The New Minority: White Working Class Politics in an Age of Immigration and Inequality（ザ・ニュー・マイノリティ　移民と不平等の時代の白人労働者階級政治）』(Oxford University Press　未邦訳）をおもに参考にしながら、英国、そして米国の白人労働者階級の特性や政治意識、彼らを取り巻く社会状況などを探っていきたいと思う。

この本は2016年11月に出版されているが、2017年6月の総選挙で大躍進をとげた労働党の選挙戦略は、かなりこの本の提言に沿ったものだった。

著者のジャスティン・ジェストは、以前は移民政策やムスリム・コミュニティについて研究していた学者だが、近年は白人労働者階級に関心を持ち、彼らを「ニュー・マイノリティ」と呼んで調査を続けてきた。

白人労働者階級を「マイノリティ」と表現することには、英国にも抵抗を感じる人々は少なくない。このコンセプトはテレビやラジオでも頻繁《ひんぱん》に、ディベート番組のテーマとして取り上げられている。

先日も、英国の若手ライター、オーウェン・ジョーンズが、この種のディベートに呼ばれ、「あなたは『チャヴ　弱者を敵視する社会』（海と月社、原題は『CHAVS: The Demonization of the Working Class』）という本を書いた人だが、白人も英国社会でマイノリティになり得ると思っているのか」と黒人の観客に強い調子で質問され、困惑していたのが印象的だった。

このように、「マイノリティなのか、そうでないのか」という問題じたいが激しい論争の的になり、マイノリティとしての存在認定が下りていないという点じたいが、白人労働者階級がそれ以外のクラスタとは異なる「新たな」タイプのマイノリティであることを示しているだろう。

◇彼らはどんな人々なのか

20世紀の初めと終わりを比べると、肉体労働や作業員など「マニュアルワーカー」として従事する人々の、勤労者全体に占める割合は、75％から38％に落ちていた。一方、専門職や管理職に従事する人々の割合は、8％から34％に上昇している。

この膨れ上がった中間層に属している人々は、様々な欧州国の民族性を持つ白人層と、資本主義的エリート層に包摂され統合された移民の人々の層である。こうした変化は、労働者階級のコミュニティを縮小しただけでなく、昔であれば一絡げに「労働者階級」と呼ばれた人々の層を、「野心的で勤勉な移民労働者」の層と、「それ以外の白人労働者たち」の層へと分断させることにもなった。

ＯＥＣＤの２０１０年の調査では、英国と米国は、もっとも社会的流動性の低い国になっている。つまり、英米は、低所得層に生まれた子どもはそのまま低所得層の大人になる可能性がもっとも高い社会になっているということだ。

その一方で、白人という人種は、伝統的に、自らが創出した政治・社会制度の中で恩恵を受けてきた。彼らは、長い間、自分たちに都合よく機能する構造的差別を築いてきた歴史があり、奴隷制や帝国主義の汚辱《おじょく》にまみれた伝統があるにもかかわらず、差別的な社会構造の恩恵にあずかり続けてきたのである。

また、白人労働者たちは、「国の文化に慣れ親しんでいる」ということや、「第一言語が国の言語である」という利点も手にしている。

これらの点から、彼らは生まれながらに恵まれた立場にいると考えられ、特に白人男性は、「どんな点でも有利な位置を獲得している」と思われてきた。

だが、白人労働者階級の多くの人々はいま、疎外感や、力を奪われているような感覚を抱いている。

ジャスティン・ジェストはこの無力感を3つの分野に分類している。

①数が減少しているという認識

白人労働者階級の数は継続的に減少を続けている。その減少のスピードは、本人たちが思っているほど劇的ではないにせよ、増え続けている人口（同時に大卒者の数も増えている）とは対照的に、白人労働者階級の数は減少している。

わたしの配偶者やその友人たちが勤務しているようなマニュアルワーカーの職場では、実際に、白人の英国人が少数派になっている場所があり、そうした環境で働く人々ほど、「外国人だらけ」「もはや英語が通じない」ということを頻繁に口にする傾向がある。

②排除されている気分

白人労働者階級の人々は、エンターテインメントの世界や、公的組織などに、自分たちの代表を送り込んだり、発言の場を与えられる機会が減ってきたことに、敏感になっている。アイデンティティ政治の重視によって、マイノリティと呼ばれるグループには機会やアクセスの平等が約束されているのに、自分たちにはそれが与えられていないと感じている。

たとえば、地方自治体の職に応募する場合は、応募フォームに自分の人種や性的指向などを記入する欄があるが、これについては、「公務員の職にはマイノリティ雇用の数のノルマがあるからで、白人には不利。これを人種差別でなくて何と言う」と憤《いきどお》る労働者階級の人々の声は、頻繁に聞かれる。

③差別の対象になっているという感覚

白人労働者階級の人々の多くが、「自分たちは差別の対象にされている」という認識を抱いており、白人のミドルクラスだけでなく、移民からも差別されているという感覚を持っている。

第Ⅲ部で紹介する歴史学者のセリーナ・トッドも指摘しているように、たとえば母親たちが育児の悩みを語り合っているネットの掲示板を覗《のぞ》くと、「白人労働者階級の子どもが多い学校は成績も悪いし荒れているので、自分の子どもを通わせたくない」と大っぴらに話し合っている英国人や移民たちの書き込みを見ることができる。

また、BBCが放送した人気コメディ番組『リトル・ブリテン』などでは、白人労働者階級の若者は子だくさんで頭が悪いというようなステレオタイプのキャラクターを登場させて嘲笑の対象にしているし、タブロイド紙や一部高級紙でさえも、社会の足を引っ張っているグループとして彼らを蔑視《べっし》することが正義だと思って叩いてきた節がある。

労働者階級の人々は、このような偏見のせいで、雇用や福祉、公共サービスの現場で、自分たちが平等な扱いを受けられなくなっていると信じている。

◇白人労働者階級の疎外感

こうした白人労働者階級の疎外感や無力感は、単なる「気のせい」ではなく、実際に3つの要因によって彼らは隔離されているのだとジェストは定義する。

①システム的なバリア――拡大する機会の不平等、一方で蔓延する福祉排他主義

英国でも米国でも、白人労働者階級の無力感の原因になっているのは、政治システムの構造とダイナミクスである。

議会制民主主義が、年収の高い有権者に好まれるようにデザインされる「エリート主導型」になり、末端を生きる人間のための政策が作られなくなってしまった。しかし、富者と貧者、双方の生活や希望を反映する政策を作らなければ、様々な格差は開きこそすれ、狭まることはない。

ジェストは、著書の中で、これまでも収入と教育の格差は常に存在したが、そのトップと底辺のギャップは、いま、歴史上、前例を見ないほどに拡大しつつあると書いている。

英国の場合、学校教育の場が、高額授業料の私立校と授業料無料の公立校であるため、富める家庭の子どもと労働者階級の家庭の子どもが受ける教育の質が違うという事実は昔からあったのだが、現代では無料の公立校のあいだにも、凄《すさ》まじいほどの格差が存在している。成績優秀な公立校の近所の地価は上がり、高級住宅街になっていくため、収入による地域の棲み分けが完成してしまっている。

労働者階級の人々が多く住んでいる公営住宅地の学校に通っている子どもたちは、高級住宅地の優秀な学校に通っている子どもたちとの接点がなく、まるでパラレルワールドを生きているような状況になり、これは「ソーシャル・アパルトヘイト」という言葉で表現されているほどだ。

この状況は、いたずらに社会の分断を生むばかりか、労働者階級の子どもたちと中流・上流階級の子どもたちの能力格差を生み、若者たちの機会不平等を定着させていると指摘されている。が、この状況は改善されるどころか、いっそう激化している。

一方、米国の政治学者のゲイリー・フリーマンは、『The Forum』に発表した論考「Immigration, Diversity, and Welfare Chauvinism（移民、多様性、そして福祉排他主義）」の中で、「政府から生活保護を受けることに対して、白人労働者階級は〝福祉排他主義〟と呼ばれる現象に陥りやすい」と指摘している。

「福祉排他主義」とは、一定のグループだけが国から福祉を受ける資格を与えられるべきだ、という考え方だ。顕著に見られるのは、「移民や外国人は排除されるべき」というスタンスだが、同様に、ある一定の社会的グループ（無職者や生活保護受給者）にターゲットが向けられる場合もある。

こうした排他主義は、本来であれば福祉によって最も恩恵を受けるはずの層の人々が、なぜか再分配の政策を支持しないという皮肉な傾向に繋がってしまうという。「恩恵を受ける資格のない人々まで受けるから、再分配はよくない」という考え方である。

本来は彼らの不満は再分配を求める声になって然るべきなのに、それが排外主義や生活保護バッシングなどに逸脱してしまい、自分たちを最も助けるはずの政策を支持しなくなる。白人の割合が高い労働者階級のコミュニティほど、この傾向が強いという。

そして前述のようなソーシャル・アパルトヘイトが進んでいる社会では、地域の中で階級ごとの棲み分けが進み、別のクラスタの、別の考え方を持つ人々が、白人労働者階級のコミュニティに流入したり交流したりすることがなくなっているため、彼らが自分たちと違う考え方の人々と触れ合い、影響や刺激を受ける機会もなくなっていく。

英国では、職がなく、それゆえ移民も少ない北部の地域などが、こうした「思想的に取り残された」状況になっていたことが、EU離脱の国民投票の結果に如実に表れていた。

②「大義なき不満」のバリア――白人というマジョリティの中の下層民

このように白人労働者階級は、政治的に隔離された状況にあるが、たとえ彼らが、自分たちの不満の声を上げるために、有権者として連帯しようとしたとしても、彼らには旗印にできるアイデンティティが欠如しているとジャスティン・ジェストは指摘する。

貧しい白人労働者階級は、同じぐらいに貧しい移民の人々に対してエリート意識のようなものを持っていることが多い。「白人というマジョリティの中にいる下層民としての立場」が、彼らもまた政治的・社会的な構造が生み出した隔離によって困窮《こんきゅう》させられているグループなのだという事実から、本人たちの目も、世間の目もそらしてしまっている。

新自由主義と市場主義の社会で、労働者階級の存在や仕事が評価されなくなるにつれ、白人労働者階級は不可視の（見えない）存在となり、彼ら自身が、自分たちのアイデンティティと「社会の中での居場所」を失っていった。

移民労働者たちが地域コミュニティの中で、「自分たちは周縁化された存在である」と団結して声を上げることができるのと対照的に、貧しい白人たちは、草の根のレベルで団結して声を上げることもできず、「君たちは貧しくとも白人なのだから、困窮しているのは自己責任の問題である」と見なされ、堂々とマイノリティであることを主張できなくなる。移民やＬＧＢＴなどのグループと比較すると、「不満の声を上げてはならない周縁グループ」と見なされているのである。

たとえば、黒人労働者階級は、白人労働者階級の人々に比べて連帯の気質があり、「人種を基準にした隔離や差別と闘う」という目的で共に闘う経験を通し、ブラック・カルチャーのリソースを中心として繫がることが可能だ。しかし、白人労働者階級には、共に拠って立てるカルチャーのリソースがなく、結果として「同じアイデンティティの集団」ではなく、「個人」のモラルを重視することになる。

こうして白人労働者階級のコミュニティは、自ら社会から孤立し、自分たちの不利な立場について、「自己責任だ」と見なされることを受け入れてしまう。

「ホワイト・トラッシュ（白い屑《くず》）」といった表現は、白人の下層階級が社会から周縁化され、社会的排除の対象になっているグループだということを象徴的に示しているのにもかかわらず、である。

③政治的なバリア——政治に無視されているという感覚

表面上は目につかない形で階級を固定していく社会システム上の問題や、排除の対象になっているのに団結しにくいという白人労働者階級の心理的な問題により、白人労働者階級のコミュニティは政治・社会的な運動に参加しなくなった。

よって、彼らのコミュニティには、政治参加を可能にするリソースが限られており、政治的な組織・団体も少ない。ジョン・ザラーはその著書『The Nature and Origins of Mass Opinion（世論の本質と起源）』（Cambridge University Press　未邦訳）の中で、政治に対する意識が低い人々が「政治的問題が自分の生活に影響をおよぼしていない」と思いがちなのは、まず第一に、彼らには政治的なコミュニケーションが行き届いていないからだと指摘する。

政党は、あまり政治的ではない白人労働者階級に話しかけるのをやめ、中流・上流階級に焦点を合わせて政策を作り、その伝達を行なってきた。そのため、主流政党から無視された貧しい白人労働者階級の人々は、主流政党よりも、極端な主張を持つ右翼政党の選挙運動員と会って話を聞かされる機会が多いという調査結果が出ている（マシュー・グッドウィン著『Right Response: Understanding and Countering Populist Extremism in Europe（適切な対応：欧州のポピュリスト過激思想を理解し対抗すること）』The Royal Institute for International Affairs）。

主流政党は、貧しい白人労働者階級の居住区では選挙活動を行なっておらず、そうした地域には選挙ポスターなども貼っていないことが多い。そのため、白人労働者階級の中に極右政党に流れる人々が出現することになるのだが、こうした政党が、彼らの利益になる政策を掲げているわけではない。

つまり、白人労働者たちは、自分たちのためにならない政党を支持するようになってしまっているのだ。

前の労働党が政権を握っていた13年間、つまり１９９６年から２０１０年までは、以前は労働党の支持ベースだった白人労働者階級層は、ほとんどといっていいほど顧みられることはなかった。かといって、根強い「保守党嫌い」が残る労働者階級が、保守党を支持するのは難しいし、自由民主党は貧しい白人労働者階級とは微妙な関係を続けてきた。自由民主党は左派というよりリベラルなので、親ＥＵで新自由主義的な部分が労働者たちの肌に合わない。

ジャスティン・ジェストは冒頭の著書『ザ・ニュー・マイノリティ』の中で、「政治的影響力に対する認識」という調査の結果を発表している。これは、「私のような人間は、どの程度の政治的な影響力を持っているか」という質問に、「0」から「10」までの数値で調査対象者に回答してもらった結果を示すもので、大学教育を受けた者と受けていない者とでは、後者のほうが「自分は政治的影響力を持っていない」と感じていることがわかっている。

また、年齢別では、40歳から59歳までの人々が、そして階級別では、「自分のことを労働者階級だと思っている人々」が、もっとも政治的影響力のなさを実感していることが明らかになっている。男女別では、女性のほうが影響力のなさを感じていた。

さらに「政治家の関心に対する認識」という調査では、「政治家たちは自分のような人間に関心を持っているか」という質問に、同じく「0」から「10」までの数値で回答を集めた。

調査結果を見ると、大学教育を受けた者と受けていない者とでは、後者のほうが「政治家たちは自分のような人間に関心を持っていない」と思っており、年齢では40歳から59歳までの人々が、政治家に最も関心を持たれていないと感じていた。階級別では、やはり労働者階級が、政治家に最も関心を持たれていないと答えたグループだった。

前述の政治的影響力については、男女別で見たときに女性のほうが「自分には影響力がない」と感じていたが、「政治家は自分のような人間に関心を持っているか」の質問では、女性のほうが「関心を持っている」と答えている。

つまり、これらを総合すれば、英国では40歳から59歳の労働者階級の人々がもっとも政治的無力感を感じ、政治家からも無視されていると感じていて、そのうち男性は「自分たちには影響力はあるのに、政治家が無視している」と考えている傾向が高く、女性は「自分たちには影響力はないが、政治家は関心を持ってくれている」と思っているということになるだろう。

これは、女性には、アイデンティティ・ポリティクスにおいて、ジェンダーにおけるマイノリティの立場があるので、政治家からまるで無視されていると感じるわけではないが、貧しい労働者階級の白人男性は、従来のアイデンティティ・ポリティクスでは、全方位でマジョリティになってしまうので、人種、ジェンダー、LGBTなどのアイデンティティの枠組みが強調されてきた政治トレンドの中では、「自分たちの声は政治家に聞かれていない」という意識が育っていることを示しているだろう。

◇白人労働者階級の政治への態度――英国の青年が「政府なんてファック」と言う理由

ジャスティン・ジェストは、労働者階級が多く居住しているロンドンのイーストエンドにあるバーキング&ダゲナム区で、55人の住人(そのうち15人は、いわゆるエリート)の白人英国人の聞き取り調査を行ない、3か月にわたってエスノグラフィー調査を行なった。ジェストは米国のオハイオ州ヤングスタウンでも同様の調査を行なっている。双方のコミュニティは、劇的な経済的変化、そして人口統計上の変化を経験し、それによって個人的にも、集団としても、繁栄から「落ちぶれた」という心情を持っているという点で相似しているという。経済的にも、社会的にも失墜《しっつい》したというトラウマに加え、政治からも見放され、それについて自分たちの手で何かができるとも考えられなくなっているのだ。

こうしたコミュニティの人々は、現代の特徴といわれている「政治と市民の乖離」を端的に示しているようだったとジェストは書いている。

彼は、双方のコミュニティの住人たちの政治に対する態度を、4つのタイプに分類して比較している(表3)。

システム支持	反システム支持
Ⅰ　能動的 ・民主主義のシステム内の機関や組織、手段に能動的に関わる ・ロンドン東部とヤングスタウンの両方にこのタイプが存在した	**Ⅱ　能動的** ・民主主義のシステムを能動的に損ない、混乱させ、回避し、転覆させる ・ロンドン東部に存在した。ヤングスタウンではエリート層にのみ存在
Ⅲ　受動的 ・民主主義のシステムの中で能動的ではない状態 ・ロンドン東部とヤングスタウンの両方にこのタイプが存在した	**Ⅳ　受動的** ・徹底して能動的でなく、民主主義のシステムから離脱 ・ロンドン東部とヤングスタウンの両方にこのタイプが存在した

（出典：Justin Gest “The New Minority”）

表３　政治に対する態度の４タイプ

注目すべきは、Ⅱの「能動的・反システム」な政治への態度である。民主主義のシステムを能動的に損ない、混乱させ、回避し、または転覆させるような、アクティブな政治への反撃を行なうスタンスは、米国のヤングスタウンではエリート層にしか見られなかったが、英国のイーストエンドでは労働者にも見られたとジェストは結論づけている。

この理由として、ジェストは、米国のヤングスタウンでは、市民は「国家が自分たちの生活に対して及ぼす力はあまり強くない」と感じており、「自分のことは自分でやるしかない。誰にも頼れない」と言う人たちが目立ったのに対し、英国のロンドン東部の市民は「国家の力は弱い」とは考えておらず、それどころか、国家が無限の力を持っていると信じていると書いている。

若いロンドン東部の労働者階級の青年が、「政府なんてファックだ」と政権を呪詛《じゅそ》し、「権力を握っている奴らは何を言ったとしてもそこに留まり続ける。投票なんてしても無駄だ。政治に関わっていきたいと思ったこともあった。でも、どうやって自分の言いたいことを訴えようかと思っている間に、すべてはもう決められている」と語った例が、ここに類型されるタイプの典型的な態度だという。

これは、英国の歴史的な階級社会の概念がいまだに残っていることもあるだろうが、英国には福祉国家として機能していた時代もあったということに関係しているだろう。

第Ⅲ部で詳しく述べるが、１９４５年の労働党政権が「ゆりかごから墓場まで」と呼ばれる福祉制度を築き上げ、労働者階級こそがその恩恵にあずかって生きてきたので、英国には「政府の力は強大」という歴史的刷り込みがあるのだ。

しかし、その福祉社会がことごとく解体され、機能することをやめた時代には、「政府の力は強大で何でもできるはずなのに、もう自分たちのためには政府はその力を使わない」となって「政府なんてファック」になり、能動的なアンチ・ポリティクスの方向に走る人々も出てくる。

興味深いのは、21歳の英国人のフォークリフト見習いの青年が言ったという言葉だ。

「何か爆破でもしなきゃダメなんだよ。そうでないとイングランドは止められない。最後にそれをやったのは２００５年７月７日だった（＊筆者注：ロンドン同時爆破テロ事件が起きた日）。それをやるか、何か犯罪をやること。トップの人々の関心を引かないといけない」

と、彼は言ったそうだ。

ここで特筆すべきは、２００５年のロンドン同時爆破テロは、国際テロ組織アルカイーダが犯行声明を出し、その後、ムスリム住民への反感や嫌がらせが強まって、極右政党ＢＮＰ

（英国国民党）の勢いが強まる原因ともなった事件である。

イスラム過激派組織による犯行を、労働者階級の英国人青年が、「政治を変えるきっかけをつくるための犯罪」として挙げているのは興味深い。彼はこうも語っている。

「（2011年のロンドン）暴動（＊筆者注：白人労働者階級が多く参加したいわゆる「チャヴ暴動」のこと。第Ⅲ部で詳述）は、アンダークラスがアッパークラスよりもパワーを持っているんだということを示した。僕たちは一緒にやっていくことはできないんだ。あれは純粋なフラストレーションと、機に乗じたやり方だったと思う。状況を利用してやれという若い子たちもいたけど、自分たちがどれだけフラストレーションを溜めているかということを示した」

調査が行なわれたバーキング＆ダゲナム区では、男性だけではなく、女性においても、全年齢層でこのような答えが返ってきたという。同区はＢＮＰが勢力を伸ばした地域であり、区議会では1つも議席を得ることはできなかったが、2010年の選挙では3万票を獲得していた。

◇ヒエラルキーにおける自己認識——①英国ロンドン・イーストエンドの場合

ジャスティン・ジェストはさらに、ロンドン東部のバーキング&ダゲナム区と米国のヤングスタウンで聞き取り調査を行なった人々を対象に、ある実験を行なった。

図1のような図（4つの大きさの違う円を内側から外側まで重ねて描いたもの）を見せて、これが社会の構図だとすれば、どこの部分にどの層の人々のグループが入っていると思うかを尋ねたのだ。

調査をはじめるにあたり、あらかじめ「円の一番内側には、社会で最も重要と見なされ、一番影響力を持った人々が入り、外側に行くほど、重要性も影響力も小さくなって周縁化されている人々になる」と、図に描かれた4つの円の意味について語っておいた。

ロンドンでは、ほぼすべての人々が、一番内側の最小の円の中には、「女王」「ロイヤルファミリー」などの「貴族」や、「上流階級」を意味する言葉のつく人々が入ると答えた。

その外側の2番目に小さい円の中には、「専門職の人々」「キャリアで成功している人々」などを意味する言葉が入り、「政治家」「裕福な銀行家」「サッカー選手」なども入っていた。

そしてさらにその外側の3番目の円の中には、「マイノリティ」「移民」を意味する言葉を入れる人が多かったという。中には、移民の中の階級にまで言及する人がいて、それによると、一番上が東ヨーロッパからの移民、次がアジア南部からの移民、そして3番目がムスリム、アフリカからの移民、という順番だったという。数名の人々は、移民を出身地ではなくキャリアで分類し、「弁護士」「医師」「政府のために働いている人々」は他の移民よりも円の内側にくると答えた。また、中心から2番目の円に「マイノリティ」「移民」が入っていると答え、3番目の円に「白人ミドルクラス」が位置すると語った人もいたという。

そして、調査対象者のほぼ全員が、白人労働者階級は、一番外側の、周縁に位置する円の中にいると言い、中には、白人労働者階級の人間は一番外側の円にすら入らないと答えた者もいた。また、一番外側の円の中に白人労働者階級が位置していると答え、その外側に「依存症者」「犯罪者」「ロマ」などの、一般にアンダークラスと結び付けられているイメージの言葉を挙げた人々も複数いたという。

こうした人々の社会的なヒエラルキーの理解は、英国に特徴的な事柄を示しているとジェストは分析する。それは、ヒエラルキーの概念が出自に基づいていることだ。

つまり、英国では、人々が考えているヒエラルキーのモデルは、家柄、人種といった世襲

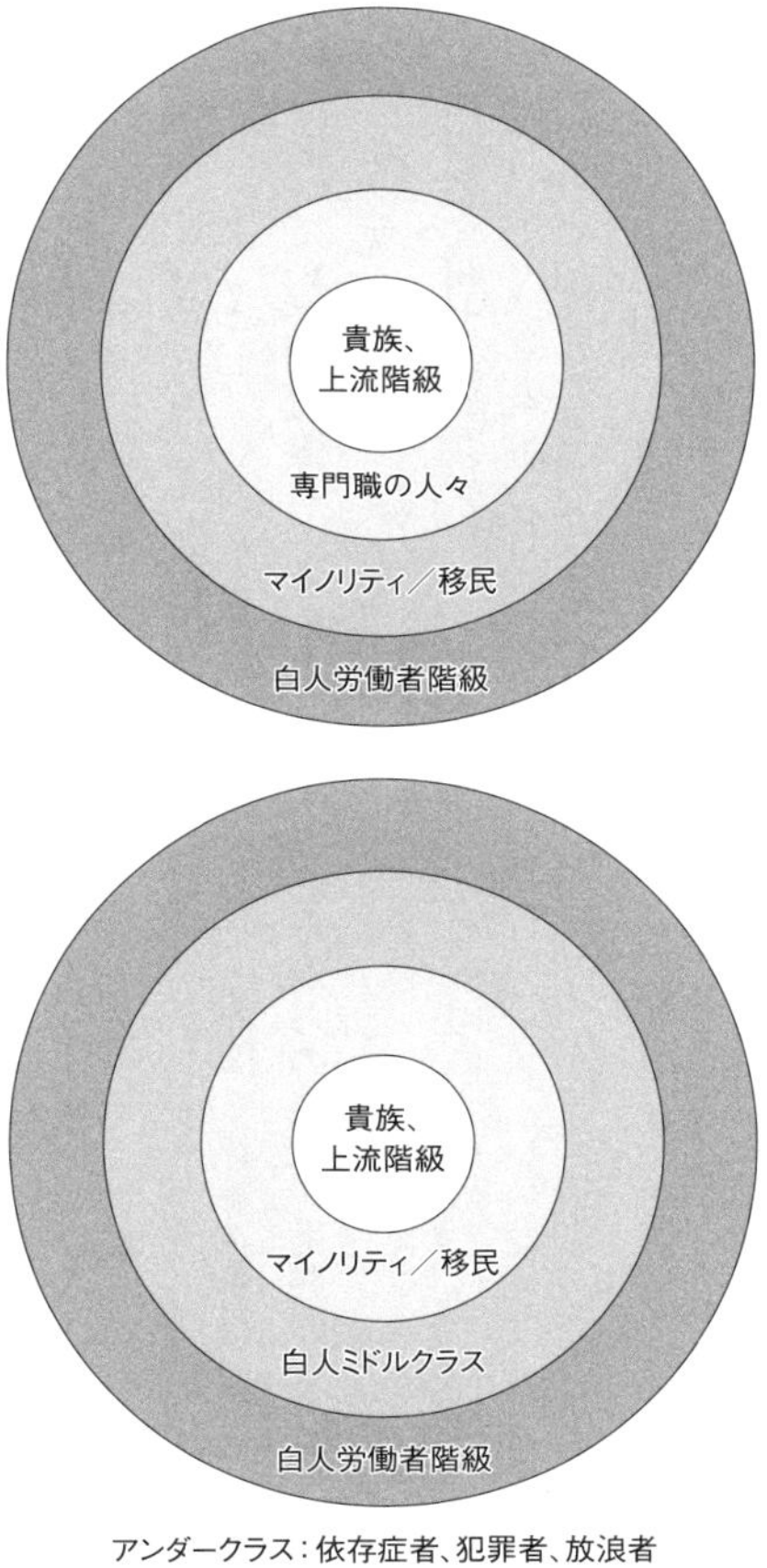

（出典：Justin Gest “The New Minority”）

図１　ロンドン東部バーキング&ダゲナム区における社会的ヒエラルキーの認識

のものによって決められ、社会で生きる上での特権は、それにより与えられているという考え方である。

◇ヒエラルキーにおける自己認識——②米国オハイオ州ヤングスタウンの場合

ジェストによれば、同様の調査を米国ですると、彼らの階級の概念は、単に収入の差によって決まっていて、英国の人々のように生まれながらの特性や世襲のものには基づいていなかったという（図2）。

米オハイオ州ヤングスタウンの調査では、4つの円に入る人々は、純粋に収入の額によって規定されていた。米国では、「生活保護受給者」に対する意識が、ヒエラルキーの概念を左右しているという。

ヤングスタウンで調査した労働者たちの多くが、「生活保護で生きている人々」「長期生活保護受給者」「福祉で生きる女王様」「文句の多い貧乏人」といった言葉で、生活保護受給者を形容したそうだ。そしてこうした言葉を発する人々が考える4つの円の構成者は、中央の一番小さい円が「金持ち」で、その外にある2番目に小さい円が「生活保護受給者」、3番

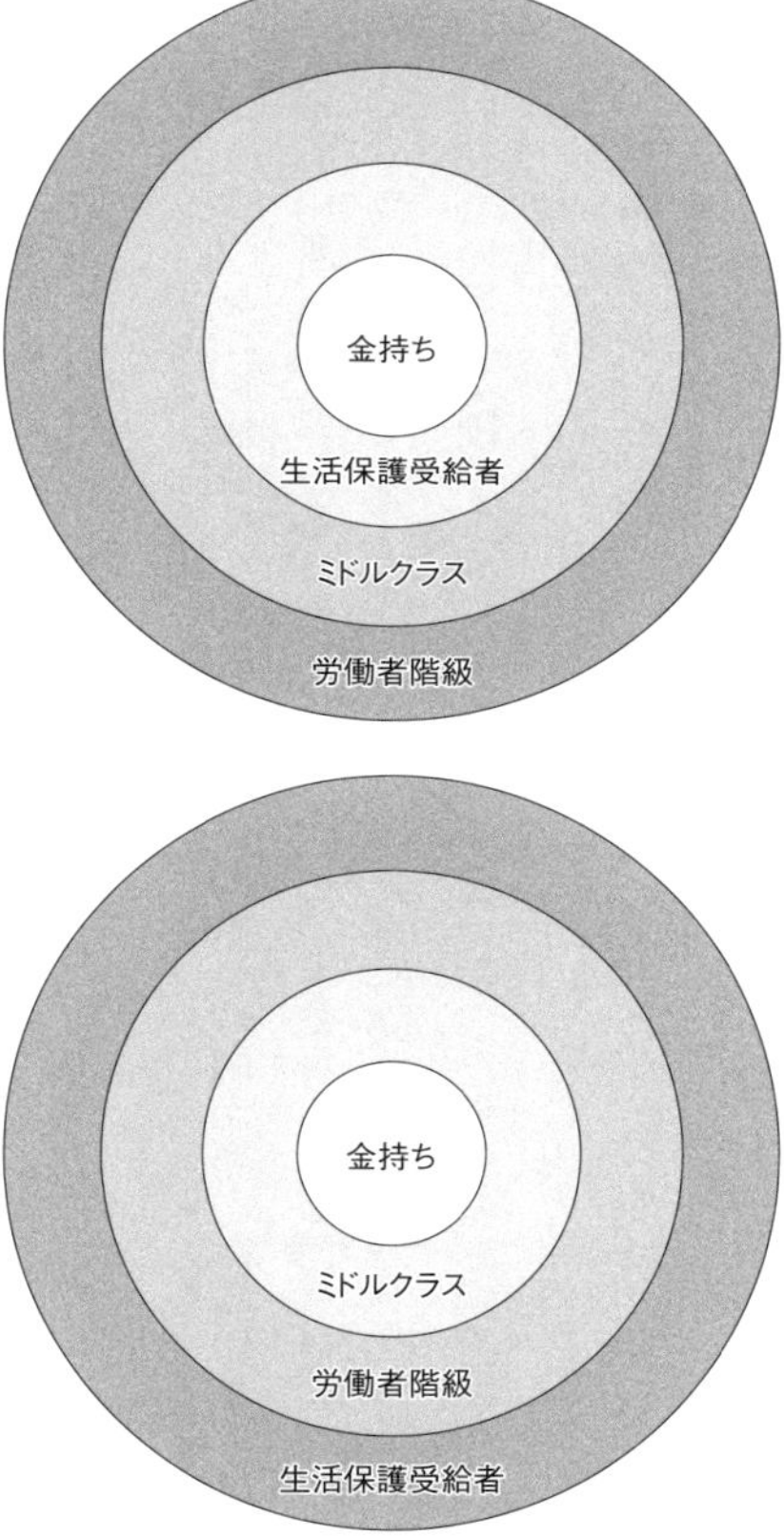

（出典：Justin Gest “The New Minority”）

図２　米国オハイオ州ヤングスタウンにおける社会的ヒエラルキーの認識

目が「ミドルクラス」、一番外側が「労働者階級」だった。

一方で、生活保護受給者に対してそれほど敵意を感じていない人々は、中央の一番小さい円を「金持ち」、その外側の2番目に小さい円を「ミドルクラス」、3番目を「労働者階級」、そして一番外側の、最も社会に対する影響力が低く、周縁化されている層を「生活保護受給者」と答えたという。

ヤングスタウンでの調査で、48歳の組合員の電気技師が語ったという「学歴と金が影響力の差を生み出す。白人が一番真ん中にある円の近くにいられる時代は終わった」という言葉が象徴的だが、米国では物質的豊かさが、社会的地位や、影響力の有無を決めるファクターだと思われていて、英国のように、家柄や人種のような世襲のものではない。

つまり、資産やリソースを多く獲得すれば、この4つの円の間の移動は可能であって、その円の境界線は、英国のように、確固とした、生まれながらの越えられない壁ではないようだ。この点からは、「アメリカン・ドリーム」の概念がいまだに残っていることを感じさせられる。

それゆえ彼らは、4つの円の中心にいる富裕層は、自らの野心や知性で成功を手に入れた人々だと認めており、しかし他方では、労働者階級の価値観と上流の人々のそれは明確に違

う と考えている。彼らは、ミドルクラスのことを「競争本位で社会的責任を果たそうとしない人々だ」と考え、自分たち労働者の価値観は、誠実さや責任を重んじるものだと考えている。

だからこそ、米国の労働者階級の人々が社会のヒエラルキーを考えるとき、鍵となるのが「生活保護受給者」になるのだろう（一部の労働者たちは、生活保護受給者は市民として誠実さや責任感に欠けていると考えている）。

米国では、福祉の補助金を受けている人々を、「援助に値する貧者」と「援助に値しない貧者」に明確に区別して考える傾向が強いとジェストは指摘する。多くの調査対象者が、生活保護受給者に対する不満を示したが、なかには、「生活保護受給者の多くは黒人だ」と答えた人もいたという。

しかし、英国とは対照的に、米国では、「白人のほうが政府の援助を受けるべきだ」と答えた人は少なかった。これは、米国では、「白人には世襲の有利性はあるが、米国にはすでに、黒人が競争できる土壌ができている」と調査対象者が信じていること（オバマ前大統領の登場など）と、もう一つの理由は、ヤングスタウンで調査した人々のほとんどが、「元を正せば自分たちも移民の子孫だ」という自らのルーツを意識しているからだとジェストは分析している。

◇「喪失感」と「政治への態度」のリンク

ジャスティン・ジェストは、4つの円を使ったヒエラルキーに関する調査で、どの円に社会のどのクラスタの人々が入るかという質問をした後、「それでは、白人労働者階級は、本来はどの円の中に位置すべきだと思いますか」と尋ねた。

調査対象者たちの答えは様々だったが、各人が考える「労働者階級が現在置かれている位置」と「本来あるべき位置」のギャップは、そのまま、彼らが社会の中で感じている喪失感を表すとジェストは考えた。つまり、そのギャップが大きい人々ほど喪失感が大きく、ギャップが小さい人ほど喪失感も小さいことになる。

彼が〝大きいギャップ〟と定義した人々は、「現在置かれている位置」と「本来あるべき位置」のギャップが、円2つ分あったという。つまり、「現在置かれている位置よりも、2段階内側の円に自分たちはいるべきなのだ」と考えている人々である。

一方で、〝小さなギャップ〟と定義された人々は、「現在置かれている位置」と「本来ある

	システム支持	反システム支持
能動的	**関　与** 社会のヒエラルキーにおける自分の位置に対する認識と願望の **「ギャップが小さい」**	**反　逆** 社会のヒエラルキーにおける自分の位置に対する認識と願望の **「ギャップが大きい」**
受動的	**傍　観** 社会のヒエラルキーにおける自分の位置に対する認識と願望の **「ギャップが小さい」**	**脱　退** 社会のヒエラルキーにおける自分の位置に対する認識と願望に **「ギャップがない」**

（出典：Justin Gest "The New Minority"）

表4　喪失感の大小と政治に対する態度の関係

べき位置」のギャップが円1つ分しかなかった。現在置かれている位置よりも1つだけ内側の円の中に、自分たちはいるべきだと考えている人々だ。

さらに〝ギャップがない〟と定義される人々もいた。彼らは、「現在置かれている位置」と「本来あるべき位置」は同じであり、その2つにギャップはないと答えた人々だ。

この調査では、彼らの政治に対する態度と、喪失感の大小には強いリンクがあることがわかった。〝大きいギャップ〟の人々は、民主主義のシステムを能動的に損ない、混乱させ、回避し、または転覆させようとする、能動的な反システム派であることが多かった。

一方で、〝小さいギャップ〟の人々は、民主主義のシステムの中で能動的に政治に関わっていたり、あるいは民主主義のシステムを支持しながら、政治的には受動的な態度を取っているタイプが多かった。

〝ギャップがない〟人々は、民主主義のシステムにもアンチの立場であり、政治的でもないことが多かったという（**表4**）。

この調査結果からは、白人労働者階級の政治に対する態度は、明らかに、彼らが社会の中で抱いている喪失感によって左右されていることがわかる。

◇ロンドン東部における喪失感の特性——階級上昇や運命を変えることへのあきらめ

強固な階級意識が根付いており、それは世襲のものであるという意識も強い英国では、自分たちが社会のヒエラルキーにおいて「本来あるべき位置」を他者に奪われたという感覚は、非常に濃厚な喪失感に結び付く。また、自分たちが本来存在すべき位置を移民に奪われていると思う場合には、英国人は移民にはなれないので、その位置はもう取り戻せないものだと思い込むことになる。

同様に、英国の白人労働者階級は、白人の中での階級移動の可能性、つまりミドルクラスやアッパーミドルのクラスタに自分たちが登っていける可能性についても信じていないことが多く、これは社会のヒエラルキーが出自で決定されるという意識が強い英国ならではの傾向だろうとジェストは分析している。

このため、ロンドン東部の労働者階級の人々には、ヒエラルキーを登っていこう（4つの円の中心に向かっていこう）とするよりは、自分たちが本来いるべき場所を、現在そこにいるクラスタから取り戻そうという意識のほうが強く見られたという。

また、ロンドン東部での調査対象者のほとんどに、「運命は自ら変えられるのだ」という主体性が薄く、「政権が代われば自分たちの生活も変わる」という考え方も持っていない傾向が見られた。

さらに、喪失感が大きいタイプの人々は、BNP（英国国民党）やEDL（イングランド防衛同盟）などの反民主主義システム的な極右組織に参加したり、支持している人が多かったという。これらの極右グループの過激性は、メンバーたちの民主主義システムへのフラストレーションや、政治に影響を及ぼすことができない無力感を反映している。

他方で、喪失感が大きいタイプの人々でも、能力次第で経済格差は乗り越えていくことができると信じている人々は、それほど民主主義に対する怨嗟《えんさ》は感じていなかったという。こうした人々は、自分の運命を変えるのは自分であると考え、努力や野心の重要性を感じているが、「現代社会には、白人労働者階級が生きることを困難にする障害が存在する」とも信じている。こうした人々は、民主主義システムを支持する立場の人間として、政治活動に関わっていることが多い。

喪失感が小さいクラスタや、まったくないクラスタの人々は、白人労働者階級の社会におけるヒエラルキーの位置がそれほど変わったとは思っていない人々で、彼らもまた「移民は自分たちより多くの特権を与えられている」という意識は持っていたが、移民が自分たちの位置を奪ったとは思っていなかった。喪失感の小さい人、またはまったくなかった人は、ヒエラルキーは人種ではなく、収入や財産によって決まると信じている傾向が強かったようだ。

◇米国ヤングスタウンにおける喪失感の特性――原因を歴史的サイクルに求める

一方、社会におけるヒエラルキーが、単純に所有する富に基づいている米国では、経済格差の拡大によってその意識も拡大している。

しかし、ロンドン東部に見られたような、「一度ヒエラルキーの位置を落ちると、それは恒久的に続くのだ」というような意識は低いとジェストは指摘する。

従って、自分のヒエラルキーの位置が下がったとしても、ヤングスタウンの人々は、ロンドン東部の人々のような大きな喪失感は感じていないという。また、喪失感が大きかった一部の人も、「今は後退時で、またいい時も来る」と考えているそうだ。

ヤングスタウンの調査対象者は、白人労働者階級の地位の没落を、「誰かに剥奪《はくだつ》されたもの」というよりは、歴史的な背景で考えていることが多かった。ほぼ全員が、自分たちの生活は1960年代や1970年代のほうが良かったと答え、政府は生活保護受給者やマイノリティばかりをサポートしていると文句を言った人々もあったが、彼らはそうした変化を、社会構造的なものというよりも、歴史のサイクルによるものと捉え、政治的なものというよりも、個人の責任だと考えているという。

ロンドン東部との大きな違いは、ヤングスタウンの調査対象者たちは、そのほとんどで喪失感は小さく、政治に対する態度も、受動的なタイプの人々が多かったことだ。

しかし、例外は60歳以上の高齢者で、彼らのほとんどで喪失感は大きく、この変化は恒久的に続くものであり、マイノリティが自分たちよりも高いヒエラルキーの位置を獲得したと信じていた。

この点では、米国でも、高齢の白人労働者階級の意識は、ロンドン東部の人々に似ていると言えるだろう。

◇「喪失感」と「極右支持」のリンクはあるのか

ジェストは、ロンドン東部と米国オハイオ州ヤングスタウンでの調査結果から、「白人労働者階級の喪失感」と「極右支持」に何かリンクはあるのかを探ってみた。つまり、「喪失感が大きい人ほど、極右支持に走るのか」という命題に答えを見出そうとしたのだ。

この分析では、英国の「極右」の定義として、BNP（英国国民党）またはEDL（イングランド防衛同盟）といった過激な極右政党を支持している人々（調査対象者全体の7・5%）、そして右翼政党UKIP（英国独立党）支持者（調査対象者全体の37%）が使用された。

同様に米国では、熱烈な、あるいは熱烈な印象のドナルド・トランプ支持者（調査対象者全体の38%）、ティーパーティー運動支持者（調査対象者全体の35%）、仮に英国のBNPのような過激な政党があれば支持するのではないか（仮定的な過激な右翼）と思える人々（調査対象者全体のなんと64・5%）が「極右」と定義されている。

こうした極右を支持する傾向にある人々は、「自分の政治的影響力」「政治家に関心を抱かれているか」について喪失感をおぼえ、「経済的欠乏」を強く感じ（経済的な没落。必ずしも貧困を意味しない）、「社会的な没落」を認識していることが多かったという。

ジェストと彼の調査チームは、イデオロギー、年齢、学歴、ジェンダー、既婚・未婚、持ち家の有無、階級を考慮し補正しながら、喪失感が極右支持にどのような影響を与えているのかを実験的に分析してみた（表5）。

その結果、たとえば英国では、政治的喪失感が強い人々（「政治家はあなたのような人々に関心を持っていますか」という質問に対してネガティブな答えを返す）は、そうでない人々に比べて、BNPやEDLを支持している割合が9ポイント高いことがわかった。

さらに、別の見地から見た政治的喪失感（「あなたのような人々は政治に影響をおよぼす力を持っていますか」の質問に対するネガティブな反応）が強い人は、そうでない人々に比べて、BNPやEDLを支持している割合が5ポイント高く、社会的なヒエラルキーに対する喪失感（4つの円を使った調査の結果、「自分が現在いる場所」と「自分が本来いるべき場所」のギャップが大きい）が強い人々は、BNPやEDLを支持している割合が7ポイント高い。

米国ヤングスタウンの調査では、興味深いことに、トランプを支持する人々に影響を及ぼしている唯一のファクターは「経済的な喪失感」であり、政治的、社会的な喪失感をおぼえている人々は、ティーパーティーや、いまは存在しない仮想の過激な極右政党を支持する可能性があるという結果が出ている。

英国のイーストエンドでは、わりとまんべんなくすべてのエリアで喪失感をおぼえている

支持するもの ＼ 喪失感の種類	英国 UKIP 支持	英国 BNP、EDL 支持	米国 トランプ 支持	米国 ティーパーティー運動 支持	米国 仮想極右 支持
政治家に関心を持たれているか	＋40	＋9		＋25	＋50
政治に影響力を持っているか	＋35	＋5			＋28
社会的ヒエラルキー	＋22	＋7			
社会環境（文化など）				＋15	
経済的欠乏	＋23		＋37		

（単位：パーセントポイント）

（出典：Justin Gest“The New Minority”）

表5　喪失感が極右支持に及ぼす影響

人々が、UKIPを支持していることがわかるが、ここでも面白いことに、よく言われているような社会環境的な喪失感（言語、文化などを含む）はUKIP支持の原動力にはなっていない。BNP、EDL支持でも、やはり社会環境的な喪失感は影響力を持っていないことがわかる。

これは、じつは英国では、労働者階級こそが、誰よりも早く移民をコミュニティに迎えてきた階級であり、ずっと昔から、彼らと至近距離で共生してきた歴史があるので、異文化と暮らすことにそれほど抵抗感がないことを示しているだろう。

また、経済的な喪失感が原因で支持を得ているのが、UKIPとトランプだけという結果も興味深い。

◇白人労働者階級にアピールする政治

英国や米国の労働者階級が、現在どのような状況に置かれ、何を感じているか、そして彼らの政治的傾向や、何が彼らを極右政党に向かわせているのかを調査分析したジャスティン・ジェストは、それらの結果を踏まえ、政治勢力は何をすれば労働者階級にアピールすることができるのかを提言している。

◆エリート階級の外側から候補者を立てること

英国では、候補者が、実際に居住していない選挙区から出馬できるので、労働者階級の多い選挙区の議員が、裕福な地区の居住者であることも多い。

労働者階級の人々は、自分たちの日常的な心配事や関心、労働の価値や実情を肌感覚で理解している政治家を求めている。親や先祖が労働者階級出身だったエリートでは不十分だ。

黒人やインド・パキスタン系移民、ゲイやレズビアンのコミュニティを代表する議員たちはすでに存在する。そろそろ白人労働者階級を代表する議員も必要なのだ。

◆労働者階級のナラティブを使え

候補者が労働者階級出身でない場合には、選挙区の人々が使っている言葉や、ライフスタイルに対する共感を示すことが必要。不安定な仕事や低下する賃金、福祉削減、家計への圧迫などに言及し、「1つの仕事で週に40時間働けば、家族を養えるような社会をつくらなければいけない」と語る必要がある。

労働者階級の人々は、政党や政治家が、他のクラスタと同じように、自分たちのことも気にかけ、自分たちの票を集めたがっているということを実感したいのだ。

◆労働者階級を無力な者たちとして扱うな

労働者階級の大半は、最低賃金も稼げていないが、福祉に頼って生きているわけではないと思っている（実際には、受給している人々も多いが）。

彼らは「自分たちは自立した働き者の階級だ」と誇りを持っているので、政治家が、貧困対策プログラムの強化や最低賃金の引き上げなどを約束することでは満足しない。

彼らの多くは、自分たちはアンダークラスではないと思っているのだ。

◆労働者階級＝《イコール》労働組合だと思うな

時代は変わった。もう白人労働者階級のほとんどは、労働組合には入っていない。だから、政党も、議員も、労働組合を介して末端の労働者にアピールすることも、票を集めることもできない。

政党や議員は、自分たちで直接、草の根の活動で労働者たちに訴えていく必要がある。労働組合はもはや、仲介組織としての役割を果たしていないどころか、白人労働者階級は組合に反感を抱いていることも多い。

◆ノスタルジアではなく、希望を

白人労働者階級の喪失感は、かつてあった「古き良き時代」へのノスタルジアに基づいており、それは破壊的な結果をもたらしかねないものだ。どんな政党も、時計の針を過去に戻すことはできない。

それゆえ、政治指導者たちは、グローバル経済に労働者階級も組み入れ、労働者階級と移民を共存させることができる、未来への希望あるヴィジョンを示す必要がある。

この点では、左派の政治指導者たちにチャンスがあるだろう。特に彼らが、労働者をめぐる待遇や環境の向上、社会保障の強化を訴えれば、支持を勝ち取るチャンスがある。

一方、右派にもチャンスはある。彼らが、各人の生まれ落ちた階級が何であれ、「勤勉に努力する者は成功できる」という新たな社会のヴィジョンを示し、熱心に働く者と野心的な事業が報われる社会づくりをアピールすれば、支持を得るチャンスがある。

白人労働者階級は、一般に信じられているような「感情的で動物的な人々」ではなく、合理的にものを考える人々だ。彼らは、自分たちの不満や喪失感に関心を持ち、気にかけてくれる政治家を求め、裏切られ続けてきた。だから彼らは、自分たちのために時間やリソースを割いて語りかけてきてくれる政治勢力に反応する。その点では、他のクラスタと何の差があるわけでもない。

英国と米国では、社会的、経済的な領域で、有権者グループとしての白人労働者階級が孤立させられてきたので、本人たちが「自分たちは周縁化させられた」と感じるほどになってしまった。この層は、政治的に見捨てられてきたからこそ、そこを狙って彼らにアプローチした極右が彼らのクラスタで支持を伸ばしてしまったのだ。

この節で参照してきたジャスティン・ジェストの本『The New Minority』が出版されたのは2016年であり、一部で大きな話題を呼んだが、冒頭でも述べたとおり、2017年6月のイギリス総選挙で大躍進をとげた労働党のコービン陣営は、間違いなくこの本を参考にしていると言っていいだろう。

コービン派の若者たちによる労働者階級の街でのドブ板活動は、「労働組合に頼らずに、直接、労働者たちに働きかけろ」という提言に合致するし、労働党マニフェストに書かれた内容も、まさに労働者階級のナラティブを使っていた。「未来への投資」という選挙戦のスローガンも、「ノスタルジアではなく、希望を」の提言に沿っている。

さらに言えば、コービンが分配だけではなく、健康的な経済成長の必要性を強調するのも、労働者階級の人々は、福祉の強化によって生活を楽にしたいのではなく、自ら働いて稼ぐことによって今よりもよい生活を手にしたいと切実に願っているからだ。

白人労働者階級は、「施《ほどこ》し」を求めているわけではない。誰かに助けてもらうのではなく、自分で自分の生活を変えたいのだ。世間的に思われているよりずっと、彼らは誇り高い人々なのである。

第Ⅲ部　英国労働者階級の100年——歴史の中に現在《いま》が見える

では、英国労働者階級の人々の誇り高さとは、いったいどこから来ているのだろう。この命題を探るにあたっては、英国における労働者階級の歴史を振り返ることが不可欠に思われる。というか、歴史を知らずして、英国労働者階級という、反逆的で、反権威的で、やけに誇り高い人々のマインドセットは理解できないと言い切ってもいい。

社会の中で、彼らはどのようにして一つの階級としての意識を持つに至ったのか。その意識をもってどのように連帯・団結して自分たちの権利のために闘ってきたのか。そして英国社会での彼らの地位はどのように変遷してきたのか。

英国労働者階級は一朝一夕にしてできたものではない。彼らの考え方やアイデンティティ、社会全体が彼らを見る目は、長い歴史の中で生成され、築き上げられてきたものだ。別の言い方をすれば、現在の労働者階級の人々は、長い歴史の結果としてそこにいる。もしもブレグジットが本当に「英国労働者階級の反乱」だったとすれば、それもまた彼らをめぐる長い歴史の果てに起きたことなのだ。

それを考察するため、この章では、オックスフォード大学の歴史学者セリーナ・トッドの著書『ザ・ピープル　イギリス労働者階級の盛衰』(みすず書房)を参考に、英国労働者階級の100年を振り返ることにした。実際、この章は同著のダイジェスト版にポップ・カルチャー面での補足を加えたものと言ってもいいので、もっと詳しく知りたいと思う方々は、同著を読まれることを強くお勧めする。

（1）叛逆のはじまり（1910年―1939年）

◆人間の性質が変わった時代

1910年という転換点

「1910年は現代の英国労働者階級の出現を画した年だった」とマンチェスター・ガーディアン紙は書いている。

ヴァージニア・ウルフも「1910年の12月かそのあたりで人間の性質が変わった」と分析していた。彼女によれば、それは「主人と召使い、夫と妻、親と子」の関係が大きくシフトした時期だったそうだ。つまり、1910年は、政治的、社会的に何かが大きく変わったという厶ードを人々に感じさせた、時代の転換点となる年だったようだ。

まず、同年1月に行なわれた総選挙では、労働党が28議席から40議席へと大幅に躍進し、英国議会でのキングメーカーの役割を果たすことになった。

また、5月にはエドワード7世が死去。

ひき続いて、全国で労働者のストライキが勃発し、ブラック・カントリー（＊イングランド中央部、バーミンガムを中心とした工業地帯のこと。炭鉱、鉄鉱山、製鉄所などが集中し、黒煙が空を覆い街中が黒くなっていたためこう呼ばれる）のクラドリー・ヒースで、鎖《くさり》工場の女性労働者たちが最低賃金と1日10時間労働規則を求めたストライキを起こしている。そして2か月にわたる闘いの末に労働者側が勝利。これは労働運動にとっても女性運動にとっても、マイルストーンとなる画期的な出来事となった。

そして11月にも、南ウェールズで勃発した3万人の炭鉱労働者によるストライキが、英国軍と労働者たちの闘いに発展して大きなニュースになった。

さらに同月、ロンドンの国会議事堂の外では、サフラジェットという武闘派女性参政権運動の女性闘士たちと警察が衝突し、血みどろの暴動になった「ブラック・フライデー」と呼ばれる事件が勃発。それまでは家庭で優しく微笑《ほほえ》んでいるものと思われていた女性たちが、暴徒のようにいきなり路上で暴れ始めたと、新聞各紙がセンセーショナルに報じ、社会を震《しん》撼《かん》させた。

１９１０年は、労働者や女性たちによる、いわゆる「下からの突き上げ」が、これまでになかった勢いで広がった年だったのだ。

これを受け、保守系のタイムズ紙は「民主主義の行き詰まり」を嘆いた。この頃の保守派の論調は、「英国の繁栄は貴族階級の知性と分別によるものであり、ものを知らない労働者階級に選挙権が与えられていなかったから、他の国より成功してきたのだ」というもので、すぐ暴れたりストを打ったりする野蛮な民衆の行為が話題になるにつれ、エスタブリッシュメントたちはますます民主主義に懐疑的になっていった（このあたり、ＥＵ離脱投票の後に「無知な庶民に投票権を与えるな」と民主主義の限界を嘆いた、100年後の保守派の論理とよく似ている）。

労働者の闘いと、女性たちの闘い

１９１０年代前半に英国の新聞を騒がせた大きな話題が二つあった。それは、労働者のストライキと、「新しい獰猛《どうもう》な女たち」サフラジェットだった。

サフラジェットのムーヴメントに関しては、映画『未来を花束にして』（原題：『Suffragette』、2015年、イギリス制作、日本公開は2017年）に詳しい。エメリーン・パンクハーストが率いた婦人社会政治同盟（WSPU）は、目的達成のためには暴力的手段も否定せず、公有財産も私有財産も等しく破壊して回ることによって、女性参政権の必要性に政府や人々の目を向けさせようとした。パンクハーストを含む幹部の多くは中流階級の出身だったが、街で暴れていた活動家は労働者階級の女性が多く、階層を横断したダイナミックな抗議運動だったことがサフラジェット運動の特徴でもあった。

1913年、ロンドン大学とオックスフォード大学を卒業していたエミリー・デイヴィソン（サフラジェットの一人）が、ダービーで国王ジョージ5世の馬の前に飛び出し、女性参政権の必要性を訴えて死亡し、大きなニュースになる。彼女の棺《ひつぎ》がロンドンからノーザンバーランド州モーペスに運ばれて埋葬された時には、普段は「新しい女たち」を嘲笑し、毛嫌いしていた労働者階級の男性たちが、ずらりと路上に並んで頭《こうべ》を垂れ、彼女の棺を運ぶ葬列を見送ったと言われている。

実際、この時代の労働者たちの闘いと、女性たちの闘いはリンクしていた。両者はすべての成人男女に参政権が与えられるべきだと主張し、財産の有無や性別によって自分たちが社会から除外されるのはおかしいと声を上げた（そして相手が聞かなければ、暴れた）のである。

こうなってくると、為政者のほうでは、下から突き上げてくる抵抗を何とかなだめて食い止めなければならない。１９１１年には、自由党政権が国民保険を施行し、肉体労働者と年収１６０ポンド未満の者に、疾病と失業の保険を提供。その対象には召使いたちも含まれていた。これにより、それまでは工場労働者らとの連帯感を感じることはなかった召使いたちに、「自分たちも労働者なのだ」という自覚が生まれる。

「召使い問題」の誕生と深刻化

こうして召使いも、住み込みで公私の区別なく長時間使われるという、現代で言うならまさにブラック労働みたいな自分の雇用条件や、家事奉公の報酬の是非について考えるようになった。そのため、「こんな仕事やってられるか」と不満を抱くようになり、雇用主に対し反抗的な態度を取る者も出てきたのだった。１９１１年から１９１４年まで、「召使いを確保し、管理する」ことの困難さが「召使い問題」と呼ばれて頻繁に新聞で取り上げられ、中流・上流階級の人々の不安をかきたてるようになっていた。

実際に当時の英国の労働者の中で、もっとも大きな割合を占めていたのは召使いだったので、この層が主人に対して従順でなくなってきたという事実は、階級闘争の不気味な狼煙《のろし》を感じさせた。雇用主にとって、召使いはもはや所有物ではなく、彼らの台所や居間にも、労働争議を起こしかねない労働者がいたのである。

若いメイドたちの実家の父親や兄弟たちが、工場や炭鉱で闘争的な争議に参加し、その怒りと興奮をメイドたちが奉公先の屋敷に持ち込むにつれ、「召使い問題」はますます深刻化していく。こうして第一次世界大戦の直前には、現代的な意味での「労働者階級」が英国に登場し始めていた。

だが、「こんな仕事はもうやってられない」という召使いたちの願いは、皮肉なことに戦争によってかなえられる。

第一次世界大戦が始まると、中流・上流階級の家庭から、召使いたちがいなくなった。若い女性たちが軍需工場に集められたからだ。女性たちには短い勤務時間で良い賃金が与えられ、何よりも、雇用主から独立して暮らすチャンスが与えられたのだった。

戦時中には、少なくとも百万人の女性が軍需工場などでの労働力に駆り出されたが、これらの女性たちは労働組合にも加入するようになる。１９１４年には43万７千人の女性たちが組合員だったが、第一次大戦後の1920年にはその数は百万人を突破していた。男性組合員の数も、1914年の370万8千人から、1920年には約2倍の700万人になっている。

第一次大戦後、爆発する労働者の不満

戦時中に軍需工場で働いた女性たちは、戦争が終わっても召使いの仕事に戻りたがらなかった。工場で働く女性たちは、メイドを自分たちよりも劣る存在と見なしていたし、第一次世界大戦は、若い労働者階級の女性たちにとって、階級社会の不平等を切実に考える機会となったのだった。

当時の中流・上流階級の識者たちは、こうした労働者階級の女性たちの「目覚め」が、何か大規模な社会改革に繋がってしまうのではないかと恐れていたようだ。

1918年には、21歳を超えた男性に普通選挙権が、そして30歳以上の持ち家を所有する納税者の女性たちに選挙権が与えられた。すべての女性に選挙権が与えられたわけではなかったが、労働運動と女性参政権運動にとっては、非常に重要な勝利となった。この年の総選挙で、労働党は飛躍的に議席を伸ばし、労働者階級は、もはや自由党ではなく労働党を支持

していることが明らかになる。それまで保守党と二大政党制を形成していた自由党は、これ以降、次第に衰退していくこととなった。

だが、この時に誕生した連立政権は、労働者階級の人々を失望させた。彼らは戦争が終われば安定した職と住宅が得られるものと信じていたが、街には失業者が溢《あふ》れ、何百万人もの人々が人口過密のスラムに住むことを余儀なくされていた。人々の不満は爆発し、1919年にはグラスゴー、ルートンなどで暴動が勃発する。

人々は、戦争に勝つために「国民的努力」を強《し》いた政府が、戦後ちっともその報いを国民に与えていないことに憤《いきどお》っていた。戦争関連事業で労働者たちが集中した都市では、家主たちは人口増加と住宅不足に乗じて家賃を上げ、雇用主たちは賃金を引き下げた。そして往々にして、家主と雇用主は同一人物であったり、繋がったりしていて、要するにグルになっていたのである。

年配の労働者や失業者、働いていない子どもや女性たちが、こうした状況に対する抗議運動に加わるようになる。彼らは戦後の数年間、連帯して家賃不払い運動を行なった。また一方では、地方自治体が行なった華美な戦勝記念式典に激怒して、暴動を起こした失業者たちもいた。

こうした労働者階級の暴動は、彼らを取るに足らない階級だと考えていた中流・上流階級の人々をビビらせた。「彼らは集団になると何をやらかすかわからない」という恐怖心は、議会と労働運動との関係性を変え、第一次大戦終了後10年間で、雇用主と労働者の関係が次々と整備されていくことになる。

上流・中流階級が抱いた恐怖

労働党が力をつけるにつれ、自由党と保守党は、労働者階級の人々によって自分たちの権力が奪い取られるのではないかという怖れを抱き始める。彼らは新興勢力である労働党の力を削ぐために、連携してネガティブ・キャンペーンを張った。

政府は「社会主義は外国から入ってきた危険きわまりない思想であり、暴力、圧制、経済不安を招くもの」だというメッセージを打ち出し、こうした思想に傾く者たちは非国民だというプロパガンダを行なった。このため、労働者階級の男性たちの中には、自らの愛国心を示すために保守党に投票する人たちも出てきた。義理と忠誠心を重んじる労働者たちにとって、非国民呼ばわりされるのは耐えられないことだったからだ。

第一次世界大戦後の英国で、最優先されるべき政治課題は住宅問題だった。この時代の英国の住宅事情は悪名高く、一つの部屋を3人以上で共有しているような、ひどい過密状態で生活していたからだ。

しかし、当時の厚生相アーサー・グリフィス・ボスコーエンは、新たな住宅を建設するどころか、労働者階級の若いカップルは自分たちの家を求めるべきではないと主張し、親と一緒に同居することを勧め、中国や東洋の国の人々はそうしているものだと説いた。この時代にも公営住宅は存在したが、当時の賃料は貧しい家庭が払える額を遥《はる》かに超えており、実際には比較的生活に余裕のある労働者しか住むことができなかった。

政府の失業対策もまた著しく偏ったものであり、それは軍需工場に勤めていた女性たちを再び家事奉公に戻すことに焦点が当てられ、成人男性を助ける策は講じられなかった。炭鉱労働者、鉄鋼労働者、建設作業員などの20%が失業していたが、それは重工業の衰退に起因するものだった。この時代には、産業の軸足が、衣料、食品、家具を大量生産する軽工業にシフトしていたのである。

このため、熟練した技能を持つ男性の労働者より、安い賃金で雇える若い女性労働者の仕事が増えた。政府はこうした雇用主たちの雇用方針を容認し、何らの介入もしようとしなかった。

メイドたちの叛逆

その一方で、政府は、家事奉公の女性たちの供給を増やすことを政策の柱にしていた。保守党の支持基盤である中流階級の家庭は、相変わらず家事奉公の女性たちを求めていたからだ。戦後やたらと自立や独立を求めるようになった労働者階級の女性たちの存在は、中流階級の家庭のライフスタイルを脅《おびや》かすものだと真剣に考えられていた。英国の人口の大部分は労働者階級だったにもかかわらず、「時代のニーズ」とは、すなわち「中流・上流階級のニーズ」であると理解されていたのである。

識者たちは、メイドたちこそが、労働者階級の野蛮なパワーをいつか爆発させるかもしれない悪しきものだと恐れ、家事奉公に戻らない女性たちは非国民だとさえ主張した。このようにして、政策とメディア戦略によって再び家事奉公に戻らされた若い女性たちは、当然ながら大きな不満を抱えていた。

その一方で、都市部では、前述のような軽工業の工場が増えていったため、家事奉公をやめて工場に勤める女性たちもいた。そうした傾向が強まるにつれて、家事奉公は、もっとも貧しい家庭の娘か、工場のない田舎から来た娘の仕事と見なされるようになっていく。

実際、１９２０年代には、中流家庭には複数のメイドを雇う余裕はなく、召使いを雇っている家庭の70%が、一人しか雇用していなかった。ほとんどの場合、それは若い女性で、家事から子どもたちの世話まで、すべての家庭内の仕事を一人でしなくてはならない重労働だった。

この時代にはすでに掃除機も開発されていて、市場にも出ていたが、まだ非常に高価だったし、掃除機は掃除だけしかできない。そのような「壊れたら動かない機械」を大枚《たいまい》をはたいて買うよりは、安く使えて何でもさせられるフレキシブルなメイドを欲しがる中流階級の家庭が多かったのである。

しかし、ここがいかにも英国らしいというか、サフラジェットを生んだ国というか、英国の女性たちはけっしてひるまなかった。雇用主の所有物として扱われ、ブラック企業真っ青の時間的拘束を受けながらも、メイドたちの中には、反抗のしるしとして髪を短く切り、週末の夜にはダンスを楽しみ、夜中に抜け出して恋人との逢瀬《おうせ》を楽しむ若い女性たちが現れ始める。彼女たちは髪を短いボブにして赤い口紅を塗り、女主人たちから下品だと眉をひそめられても仕事以外の時間を楽しもうとした。

このようにして若いメイドたちが、奉公ではなく契約に基づく労働を、拘束ではなく自由を求め、ブラック労働に中指を突き立て始めたことは、従属しない労働者階級の誕生を中流・上流階級に肌で感じさせるに十分なものだった。

若くスタイリッシュな下層のフラッパーたちは、英国労働者階級の叛逆《はんぎゃく》の象徴だったのである。

◆ストライキと選挙権、そして階級闘争

1926年のゼネラルストライキ

第二次世界大戦前の英国の労働者階級を語るとき、きまって大きな節目だったと言われるのが、1926年のゼネラルストライキである。

これが「節目」と呼ばれるのは、それが単なる労働者たちによる賃上げ要求の枠を超え、より人間らしい暮らしと扱いを求めて労働者たちが立ち上がった本格的な階級闘争の始まりだったと理解されているからだ。今でも、ロンドンのイーストエンドの労働者階級の人々がこのゼネストのことを誇りを持って語るのをわたしは知っている。

1924年11月の総選挙では、保守党が政権を握り、翌年にはウィンストン・チャーチルが財務相になって、英国ポンドを金本位制に戻した。彼はポンドの価値を上げ、大英帝国の

輝かしい気分を復興しようとしていたのだ。

しかし、これは国内経済に壊滅的な結果をもたらす。輸出品は大幅に値上がりしてしまい、価格を低く設定しなければ国外では売れなくなった。特に炭鉱業界への打撃は深刻で、石炭の価格を抑えるため、炭鉱主たちは労働者の賃下げを決行した。

生活ができなくなるレベルにまで賃下げされた労働者たちは、「自分たちの賃金を下げなくとも、炭鉱主たちの利益を削減すればいいではないか」という当然のことに気づいて憤った。このストライキは、経済的な市民権を求めて労働者たちが立ち上がった闘争だった。「労働する人間だって国の経済に寄与しているのだから、当然の分け前をもらう資格はあるだろう」という、下側からの反乱だったのである。

前年からゼネラルストライキの勃発を予期していた政府は、大規模ストライキが起きたときに政府が滞《とどこお》りなく国を回していけるように、供給と輸送の緊急組織づくりを講じていた。一部には、保守党政府はゼネラルストライキを望んでいたとも言われており、それを理由にして一気に労働組合を叩き潰《つぶ》すつもりだったとも言われている。

当時の首相スタンリー・ボールドウィンは、マイノリティが自由国家の共同体全体を威圧することは不可能だとして、労働組合に対してストに突入しないよう警告していたらしい。

彼は労働者階級をマイノリティと理解していたようだが、じつのところ、人口統計で見れば、英国の大多数は労働者階級だった。首相はこのファクトに無頓着《むとんちやく》だったようだが、この事実に気づいている大臣も多かった。

労働組合が労働者たちの代表として雇用主と交渉にあたる権利は19世紀に確立されたが、20世紀初頭の20年間でそれが法制化されていったのは、こうした大臣たちの不安に端を発している。エスタブリッシュメントたちは、労働者階級が集団となったときの不気味なパワーを恐れ、そのエネルギーを殺《そ》ぐ手立てが必要だと思っていたのである。

ストに参加した労働者は「非国民」扱い

このストライキに参加した労働者の人数は、１５０万人から３００万人と言われており、それは当時の人口の４％だったそうだ。このゼネラルストライキに関しては、保守系の新聞だけでなく、リベラル系の新聞までもが、ストライキを「労働者たちの分別のない行動」と批判し、平和で滞りない日々を送りたいと願う英国の大多数の人々を脅かすものだと否定的だった。

リベラルや左派は、労働者たちのストライキに反対の立場を取った。彼らは、自分たちの穏健な意見こそが英国の多数を代表しているもので、労働者たちの考えは過激で理性を失った反知性的なものと見なしていたからだ。こうしたリベラルや左派を名乗る識者や新聞の見解は、いったん労働者階級と支配階級の抗争が起きれば、裕福な左派は自分たちの特権を守るために、自分の思想を捨てて労働者を敵に回すのだという事実を示していた。実際、労働組合会議でも、指導部の穏健派たちは、国家に対して全面対決の姿勢を取ることには消極的だった。だから組合と政府の間で、ゼネスト中も食料と燃料の分配には協力するという話し合いが秘密裏に行なわれていたのである。

この時代には、労働党の中にも、労働者たちのストライキを否定する政治家たちがいた。1924年の少数与党政権で労働党初の財務相となったフィリップ・スノウデンなども、ゼネストは絶対にうまくいかないと批判し、「英国ほど中流階級が人口に占める割合が多い国はないのだから」と語っていたという。これなどは、当時の政治家の認識がいかにリアリティーから乖離していたかということを示している。

政治家たちの意識は、1918年の第4回選挙法改正以前の考え方から、まだ抜け出せていなかったのだ。選挙法の改正によって、中流階級以外の多くの人々も選挙権を獲得したというのに、政治家たちの頭の中では、まだ労働者階級は取るに足りない、自分たちの地位を脅かすはずがない存在としか認識されていなかった。彼らの暴動は恐ろしくても、彼らの希望や要求など真剣に受け取る必要はないと思っていたのである。

ボールドウィン政権は、ストに参加した労働者たちに「非国民」というレッテルを貼り、彼らの代わりに国民のために働く「真に愛国的なボランティア」を募集した。政府は、「国は君を必要としている！」というキャンペーンをはり、ラジオと新聞でこのメッセージを流した。

これに応えたのは中流階級や上流階級の若者たちだった。大学生や若い実業家が、労働者の恰好《かっこう》をしてトラックを運転したり、臨時警官として働いたりした。社交界の花と謳《うた》われた若い女性たちも、電話交換手の仕事をしたり、ボランティアの人々に紅茶を作ったりした。彼らはみな「英国の危機を救う」という愛国心で結ばれていて、「英国を非常時に陥れた労働者階級」と闘っていた。国のために奉仕しているのだという彼らの気持ちは、戦時に従軍する心情にも似ていたのだった。

「右」と「左」ではなく、「上」と「下」との闘いだった

このようにして、ゼネラルストライキは全面的な階級闘争に発展していった。

労働者階級に代わってストリートで働いた中流・上流階級の人々は、自分たちこそが英国の屋台骨なのであり、スト中の労働者たちは別にいなくてもすむ存在なのだから、平等な待遇を求めて闘うなどということ自体があつかましいのだと主張した。

だが、こうした状況をいつまでも続けられるものでもない。何日たっても労働者が仕事に戻らないことに痺《しび》れを切らした政府は、ついに実力を行使した。軍隊が港湾地帯に出動し、労働争議のピケを突破して、労働者たちを警棒で殴りつけたのである。

怒った労働者たちによって暴動が発生し、各地の炭鉱や工場へと次々と拡大していった。政府はエスカレートする暴力を鎮圧するために、緊急事態権限法で定められた権力を使い、次々と労働者たちを逮捕した。自分たちは法を守る真面目な労働者だと思っていた人々たちが、ストライキに参加したために犯罪者にされ、秩序撹乱《かくらん》の罪で禁固刑に処された。

労働者たちは、「英国の法は自分たちのような労働者を守るものではないのだ」ということに気づいた。政府は、ストに参加する者は「共産党の活動家」だとプロパガンダしていたが、実際のところ、彼らは平凡な市井の人々だったのだ。少なくともそのときまでは、自分たちは真面目に働いて生きてきた一市民なのだと信じていた人々は、政府が取った行動に呆《ぼう》然《ぜん》とした。

こうして、軍隊には勝てないと悟った労働組合会議は降伏し、9日間にわたるゼネラルストライキは幕を閉じた。参加した労働者たちは自分たちの無力を思い知らされ、労働運動が民主主義の欠陥を埋めるわけではないのだと失望した。端的に言って、それは大敗北のように見えた。

しかしこの敗北は未来への種をまいていた。

なぜなら、労働者階級はいつも黙っておとなしく支配されているわけではないということを社会に示し、「英国人は、法を順守し統治に協力する穏やかな民衆である」という神話を打ち崩したからである。

また、労働者階級の人々は、このときの経験により、自分たちの階級より上の人々は、その党派や思想が何であれ、いざとなれば「民主主義」の美名のもとに結束し、自分たちの抵抗を鎮圧するものなのだと学んだ。

これは「右」と「左」の闘いではなく、「上」と「下」の闘いなのだということを彼らは悟った。自分たちのために闘う者は自分たちしかいないのだということを、ゼネストの経験で肝に銘じたのだった。

平等選挙の実現と労働党の勝利、しかし大量失業の時代へ

１９３０年代に入ると、大量失業と失業手当、そして悪名高き「家計収入調査」の時代がやってくる。

１９２９年のウォール街の株価大暴落を受け、英国の失業率は大幅に上昇した。１９３１年には、成人男性労働者の23％、女性の20％が失業していた。この数字には、少年少女や掃除人などの保険に未加入の人々は含まれていないので、実際には失業率はもっと高かったと思われる。

失業保険を請求する人々の収入調査は１９２０年代から存在した。収入調査には地域の民生委員による家庭訪問が含まれ、請求者の家に売却可能な物品があると見なされれば、受給は却下された。

しかし、この収入調査は１９２９年に廃止される。労働党が政権についたからである。

「英国の政治を変えてきたのは女性たちだ」とよく言われるが、この政権交代の背後にも、労働者階級の女性たちがいた。１９２８年の第5回選挙法改正で、ついに21歳以上のすべての女性に選挙権が与えられたのである（１９１８年の改正では、30歳以上の納税している女性にしか選挙権は与えられなかった）。

右派の『デイリー・メール』紙は「フラッパーに選挙権を与えるのは愚《ぐ》の骨頂《こっちょう》」と書き、若い労働者階級の女性たちが、労働党政権を誕生させるかもしれないと危惧《きぐ》していたが、1929年の総選挙でその読みは当たり、労働党政権が発足した。そして労働党政権は、その公約どおりに収入調査制度を廃止した。

しかし、労働党政権も、収入調査の廃止も、短命に終わった。1929年のウォール街の株価大暴落を受けて、全政党で構成される挙国一致内閣が組閣されると、事実上の新政権の支配者は保守党になったからだ。政府は世界恐慌対策として緊縮財政政策を推進し、失業保険を削減して、以前よりも厳しい収入調査制度を復活させる。

1930年代は、熟練技能を持つ成人男性労働者が、長期の失業に苦しむようになった時代である。恐慌は炭鉱や重工業の業界に深刻な影響を与えたからだ。

工場で働いていた女性たちも、職を失って家事奉公に戻ることを余儀なくされ、召使いの数が再び激増した。不況の影響を最も色濃く受けた北部から、仕事がある南部へと労働者を移動させる労働力移転政策も行なわれた。移転させられた労働者の多くは、学校を出たばかりの若い女性たちであり、彼女たちの多くは、豊かな南部の中流家庭のメイドになった。

分断された英国、収入調査の強化

英国は二つの分断された国のようだった。困窮する北部と裕福な南部。そして大都市の内部でも、豊かな資産を持ち、車に乗って生活する人々の地域と、不潔で荒廃したスラムという、まったく違う二つの世界が展開されていた（同じ分断の構図は、21世紀の英国でも再び顕在化している）。

また、世界恐慌の影響をダイレクトに受けて失業する労働者階級の人々が増えると、誰が貧しい人々のためにお金を払うのかということに関して、中流階級の不安も増大していった。実際、平等な選挙法が施行されて以来、中流階級は「自分たちは特別なステイタス」という意識を持てなくなっていたし、特権を失った自分たちがなぜ貧者のために金銭を使わねばならぬのかと不満に感じていた。召使いの数は増えたとはいえ、相変わらず需要が供給を上回っていたし、中流階級の人々はハッピーではなかった。社会的地位の下落に関する不満と、召使い不足で家庭生活の快適さを維持することができなくなるという不安を抱えていたからだ。彼らは、この上、納税者として自分で自分の面倒を見られない人々まで救済させられるのはまっぴら御免だと考えていたのである。

しかし、実際のところ、年収500ポンド以上の人の税負担は軽く設定されていたので、中流階級の暮らし向きは、むしろ以前より良くなっていた。

だが、挙国一致内閣は、このような中流階級の不満を感じ取り、失業保険で生きている人々を懲罰的に扱うようになる。「失業者のくせに結婚して子どもをつくっている」「失業者たちは手当で麻痺させられていて、仕事をする意欲を失っている」「所得税の納税者ばかりが損をしている」といった、まるで現代の英国を思わせる言説が新聞に載り始めた。収入調査はいちだんと厳しくなり、１９３４年には、失業保険請求者本人だけでなく、その家族の収入と所持品にまでその調査範囲が拡大された。

このことは、労働者階級の家庭の崩壊に繋がった。失業者の親と同居していた若者たちは、彼らのわずかな収入に家族全員が頼るのを恐れて、家を出ていった。収入調査の家庭訪問に来た査察員は、売却可能なものを探すため、食器棚まで開けて中を調査することもしばしばだったという。また、緊縮財政で失業保険の金額が削減されると、人々は自分や家族を養うため、詐欺まがいのことをするようになった。近所の人どうしでそうした不正受給を隠し合うこともあれば、査察員への告げ口がコミュニティを分断するケースもあり、殺伐とした空気が労働者階級の街を覆うようになる。

英国の労働者階級がファシズムに流れなかった理由

１９３０年代は、長期失業と絶望の時代だった。この時代に仕事にありついた男性たちは、階級を昇るより、むしろ下ったケースのほうが多かった。欧州全体に広がったこの暗い状況のなかで台頭してきたのがファシズムであり、１９３３年にドイツ首相になったヒトラーが象徴する、独裁主義の政治だった。

英国にもこうした変化に連動していた勢力はあった。オズワルド・モズリー卿の英国ファシスト党（ＢＵＦ）である。

モズリーは、都市部の労働者の多い地域で勢力を伸ばした。たとえば、英国に入ってきたばかりの移民に宿と安い賃金の仕事を提供していたドックランズ地区などのロンドンのイーストエンドやリヴァプールの港湾地区などだ。こうした地域では、仕事の数が減り、住宅も凄まじい過密状態だったことから、労働者階級の人々が、モズリーの排外的な主張に惹《ひ》きつけられた。１９３７年のロンドン州議会議員選挙で、モズリーのＢＵＦはイーストエンドの選挙区で多くの票を獲得したが、それでも結局は議席を獲得することができなかった。

英国の労働者階級が、ドイツの労働者たちのようにファシズムを支持しなかった理由は、英国の失業率がドイツやイタリアほどひどくなかったことと、失業手当受給者の年齢層が若い世代ではなく、その大半が組合員だったからだということがよく挙げられる。つまり、英国では、下層の失業者たちが孤立していなかったのである。

英国の労働組合は、ドイツのそれに比べて強力であり、自律的に動いていた。さらに、英国の失業者たちは、ナチスに魅了されたドイツの若者たちより年上で（英国の若者たちには安い賃金の仕事があった）、ゆえに人生経験もあり、考え方も明らかに異なっていたのである。労働者階級の有権者たちが票を投じるのは、新興の右翼政党ではなく、あくまでも労働党であり続けたのだ。

そのため英国では、熱心にファシズムを支持したのは、裕福な階級の出身者だった。金融危機の不安に怯《おび》える実業家や店主などが中心だったと言われている。そうしたＢＵＦ支持者たちは、他人には知られないように密かにモズリーを支持していた。

しかし、ヒトラーの残虐さが報道されるようになると、ＢＵＦの人気も衰退の一途を辿り、モズリーが最初に支持を広げようとしたロンドン東部の労働者階級の街では、逆にＢＵＦ反対運動が高まっていった。

労働者たちこそが守った民主主義――ケーブル・ストリートの闘い

1936年になると、スペインでフランコが共和国政権に対する攻撃を開始し、スペイン内戦が勃発する。英国とアイルランドから、2300人を超える義勇兵が国際旅団に加わったが、そのほとんどが失業者たちで、炭鉱やスラムからやって来た青年たちだった。スペイン内戦で戦った人々や、BUFと戦った人々は数としては少なかったが、メディアに大きく取り上げられて、ヒーローとして注目を集めた。

そして同年の1936年、モズリーのBUFの2千人から3千人のメンバーたちが、ナチ風の黒い制服を身に着け、イーストエンドのユダヤ人が多く居住する地区で反ユダヤ的なマーチを行なった。しかし、これに対して、ユダヤ人、アイルランド人、社会主義者、共産主義者、アナキスト、一般の労働者たちが一丸となって抗議を行なった。

彼らは、排外的な主張を叫んでいるBUFのメンバーたちが、馬に乗った警官たちに守られて歩いていることに激怒し、石や枝や椅子の脚などを投げ始め、広大な暴動に発展した。ファシストのデモを妨害するために集まった労働者たちの数は、2万人から25万人まで様々な説があるが、「ケーブル・ストリートの闘い」と呼ばれるこの出来事は、いかに英国の労働者たちが反ファシストの気風に傾いていたかということを示している。

民主主義が脅かされていた時代に、英国では、その概念を守っていたのは労働者階級の人々だったのである。ナチスと英国上流階級の繋がりにカウンターを張り、反ファシズムのシンボルになったのは、「怠《なま》け者」「社会のお荷物」と呼ばれてきた労働者階級の失業者たちだった。そして彼らは、社会主義というオルタナティヴなヴィジョンに惹かれていくことになる。

１９４５年の「ピープルの革命」への助走は、すでに始まっていたのだ。

（２）１９４５年のスピリット（１９３９年—１９５１年）

◆ピープルの戦争

英国の屋台骨となった労働者階級

前節では、「１９１０年が時代の転換点だった」というヴァージニア・ウルフの言葉を冒頭で引いたが、同様に、1940年から1945年の5年間もまた、英国社会が劇的な変遷を遂げた重要な時期である。

セリーナ・トッドはその著書の中で、英国で言う「ピープル」というのは、単なる「人々」「民衆」という意味ではなく、「労働者階級」を意味していたと書いているが、この5年間は、それまで社会において「二級市民」でしかなかった「ピープル」が、初めて社会の主役に躍り出た時期だった。

第二次世界大戦は「ピープルの戦争」と呼ばれた。とはいえ、だからといって、戦時中に階級が無くなったわけではない。むしろ、1940年の時点では、政府の目線は労働者階級に対して完全に「上から目線」で、「貧しい階級の人間たちは自制心に欠け、暴力的なので、戦時にはパニックして逃げまどい、国を混乱状態に陥れるのではないか」と本気で懸念していたらしい。

だから政府は、『敵が侵攻してきたら』というリーフレットを各家庭に配り、都市部の子どもはすべて疎開させる政策をとって、ヒステリックな状況が作られないように対策を講じていた。

しかし、こうして労働者階級が「劣った人種」扱いされる一方で、じつは、戦時中ほど労働者階級の人々が必要とされた時代はなかった。エスタブリッシュメントたちは、彼らを戦力として、そして労働力としても必要としていたのである。

戦争による軍需品と人員に対する需要は、英国に初めて完全雇用をもたらした。１９３９年には軍隊法で、18歳から41歳までの男性には徴兵に従う法的義務が課された。しかし、将校任命辞令を与えられない者（下士官）たちの報酬は、肉体労働者よりも低いぐらいだったという。失業者にとっては、それでも雇用には違いなかったが、すでに仕事に就いていた人々にとっては、兵役は割の合わない仕事だった。

一方、工場労働が、英国で最も多くの雇用を創出するセクターとなり、それまで首位だった家事奉公にとって代わった。そして１９４０年までには英国には失業が実質上なくなっていた。１９２６年のゼネラルストライキでは「国家の悪魔」扱いをされ、大失業時代の１９３０年代には「国家の寄生虫」呼ばわりにされた労働者階級が、いまや英国の屋台骨として市民権を得たのだった。工場で軍需品、戦車、武器などを製造していた労働者たちは、それまで工場で働いていた人々が夢にも見なかったような賃金を手にした。

「労働者たち」から「ピープル」へ――戦時を支えた質素で堅実な人々

1930年の終わりには、工業・農業労働者の家族たちの摂取カロリーは、経営者や企業幹部の家族のそれに比べてはるかに下回っていた。1943年では、後者のカロリー摂取量は以前とほぼ変化していなかったが、前者は戦前よりも肉や乳製品を食べられるようになっていた。これは配給のおかげである。母親と幼い児童への無償の牛乳の配給により、貧しい家庭での母子の健康は、戦前と比べると目に見えて良くなった。

都市部からは百万人の疎開者が出たが、そのほとんどが子どもたちだった（今でも英国の小学校では、第二次世界大戦について学ぶとき、疎開児童の生活について学ぶことがカリキュラムの一つに含まれている）。これらの子どもたちのほとんどが、労働者階級の子どもたちで、受け入れ先の家庭も大半は労働者階級だった。疎開先の家庭には、わずかな手当しか支給されなかったし、もっとも裕福で余裕があるはずの上流階級の家庭は、疎開児童の受け入れを拒否する傾向が強かった。

労働者階級の家庭では、同じ階級の子どもたちをリラックスして受け入れたが、中流階級の家庭では、疎開児童に家族とは別の食事を与えたり、部屋も粗末な寝室を与えたりすることが多かった。戦時中の疎開経験が、労働者階級の多くの子どもたちに、階級に対する強い認識を芽生えさせたと言われている。

このように様々な問題を生み出した疎開計画に携わった人々が、戦後の福祉国家建設に大きな影響を与えたという事実は特筆に値する。このとき、現地で疎開先の家庭と子どもたちを繋ぐ仕事をした人々の多くが、戦後の教育改革と社会改革の実現に大きく貢献したのである。

こうして戦時中、子どもたちは都市部から消えたが、残った大人たちは、政府が懸念していたようには戦争でパニックを起こしはしなかった。

都市部で空襲が始まると、最初に逃げていったのはお金を持っていた人々だった。彼らは車に乗って都市部を離れ、田舎に家を買って移り住んだ。

だが、逃げる資金もなければ手段も持たない労働者たちは、都市部に残って、淡々と工場で働き、空爆も恐れず戦争に必要なものを作り続けた。そして田舎では、同じ労働者階級の人々が、疎開してきた都会の子どもたちを受け入れ、面倒を見ていた。

これに比べると、自分たちの特権を守ろうとする裕福な人たちは、利己的で、国家的危機の時代にはまったくの役立たずに見えた。

１９４２年までには、政府とメディアは労働者階級の人々を、「労働者たち」ではなく、

「ピープル」と呼ぶようになっていた。いまやこの階級こそが、英国の文化のメインストリームになっていたのである。

また、戦時中には、労働者階級の人々が進んでそうしていたわけではないが、それまで貧しいがためにしかたなく行なっていた習慣が、美徳としてもてはやされるようになった。たとえば、労働者階級の女性たちが洋服を繕《つくろ》って、継《つ》ぎ接《は》ぎして着るというリサイクルの精神である。政府はポスターやリーフレットを作って、女性たちに着古した服を繕うように呼びかけ、それこそが国家が危機的状況にあるときの誇るべき女性の姿だと宣伝した。労働者階級の女性にとって、それまで倹約は貧乏くさくて恥ずかしいことだったが、戦争で初めて、倹約を賞賛されるということを体験したのである。こうして、その多くが労働者階級だった戦地の兵士たち、軍需工場の労働者たち、堅実で質素な主婦たちが、戦時中のプロパガンダで英雄的に報道された。

戦後の社会への議論——初版13万部が完売した「ベヴァリッジ報告書」

第二次世界大戦も中盤になると、戦況が英国に有利に動いていたこともあって、人々は戦後の社会について思いをめぐらせるようになった。

ケン・ローチの『１９４５年の精神』（原題：『The Spirit of '45』、２０１３年、イギリス制作、日本語版ＤＶＤは２０１７年）というドキュメンタリー映画にも出てくるが、戦地でも兵士たちが集まって、社会や政治のあり方や社会主義思想について議論する場を、定期的に持つようになる。

戦地の兵士たちも、国内の労働者たちも、まず何よりも望んでいたのは、戦時中のように人々が完全に雇用された社会だった。彼らはもう、１９３０年代のような長い大量失業の時代には戻りたくなかったのである。

１９４２年の終わりには、「ゆりかごから墓場まで」の福祉制度の実現を約束する「ベヴァリッジ報告書」が発表される。これは、労働組合の要請がきっかけとなって組織された省間委員会が、国民健康保険制度について調査・検討し、それに基づいて作成された報告書だった。

自由党の指導者的存在だったウィリアム・ベヴァリッジは、欠乏、病気、無知、不潔、怠惰から、すべての英国人を解放することを目指していた。彼は１９３０年代から、国の経済と国民の健康や教育を改善させるには、国家が積極的に介入して現状を変える必要があると主張していた。

ベヴァリッジの報告書が英国の人々にとってすばらしい福音になるという噂は発表前から流れていた。発売当日には、寒い冬の日だったにもかかわらず、何千人もの人が並び、初版13万5千部はあっと言う間に完売したそうだ。この報告書の読者層には、肉体労働者の家族も多く含まれていたそうで、当時の英国の市井の人々が、どれほど政治に関心を抱いていたかを物語っているだろう。

そして1945年、ピープルの革命――労働党政権の圧勝

こうして終戦の年、戦時中に国民を率いて英国を勝利に導いたウィンストン・チャーチルの保守党が、なぜか選挙で大敗を喫し、労働党政権が誕生するという大番狂わせが起こる。

労働党の選挙マニフェストは、兵士も労働者も一丸となってファシストと戦い、勝利をおさめたピープルに、その分け前を与えることを約束したものだった。戦前の社会は、富める者は自由に富み、貧しい者は自由に苦しめという無介入主義を貫き、自由と民主主義を謳うことでその不平等を覆い隠してきた。しかし、労働党は、国が経済に積極的に介入し、すべての国民に雇用と最低限の生活を保障すると約束したのだった。

チャーチルの保守党はこれに反論し、「社会主義は悪魔の思想」「大きな政府は国を衰退さ

せる」として、ハイエクの著書からの引用を印刷した小冊子を配り歩いた。が、労働党の支持は圧倒的な勢いで広がっていった。

ピープルの革命。1945年の総選挙のことを、いまだに英国の識者たちはそう呼ぶ。

2016年のEU離脱投票でも、おもに貧しい北部の労働者階級がEU離脱に票を投じ、EU残留派だった保守党のキャメロン政権に反旗を翻《ひるがえ》して世界を驚かす結果になったため、これを「1945年のピープルの革命の再来」と評したジャーナリストや識者たちがいた。愚民の右傾化と1945年のピープルの革命を一緒にするなと激怒した左派の人々もいたが、グローバル経済で拡大する一方の格差を放置し、無介入の新自由主義を推進し、自由と民主主義を謳って不平等を覆い隠してきた政治は、この時代と似ている。そんなことを続ければ、たとえ戦争で国を勝たせた首相にでも中指を突き立てるのだという労働者階級の反抗的な性質は、この時代を振り返れば読めていたはずだ。歴史を遡《さかのぼ》れば、現在何が起きているのかを知ることができる。

2016年の英国でも、保守党の強硬なまでの「小さな政府」志向と緊縮財政で、もはや最低限の生活さえ保障されなくなってきた英国の労働者階級は、自由と民主主義と多様性の重要性ばかりを説き、国民の困窮を顧みない政権に憤っていた。「このまま行けると思うなよ」と、労働者たちが猛然とちゃぶ台をひっくり返したのである。

だが１９４５年のピープルの革命が凄かったのは、それが単なる「庶民によるちゃぶ台返し」で終わらずに、「こんな国だったらいいのにな」というピープルの願いが乗り移ったかのような政治家たちが登場し、労働者のささやかな願いを次々と形にしていったことである。怒れる市井の人々と、その怒りをあるべき方向に導いて政策に翻訳し、それを本当に形にできる政治家たち。

その二つが呼応し、スパークしたからこそ、１９４５年のピープルの革命は、それまで誰にも考えられなかったスケールでの社会の大転換を成し遂げたのだった。

では、１９４５年を特別な年にした英国のすごい政治家とはどんな人たちだったのだろう。

◆不屈の政治家たち――１９４５年の奇跡

完全雇用を目指したアトリー、文化的な公営住宅を提案したベヴァン

「ゆりかごから墓場まで、国家が個人の生活を保障する福祉制度」などということを現代の英国の若者に言ったら、北欧の国の話をしているに違いないと思うだろうが、これが１９４

5年発足の労働党のマニフェストだった。クレメント・アトリーの政権は、その後30年間の英国の政治の基礎を築き上げた。英国では、1948年から1970年代の初めまで、失業者の数が労働人口の2%を下回る時代が続いたのだから。

労働党政権の首相の座についたクレメント・アトリーは、オックスフォードで学び、弁護士の道に進むが、1906年から1909年まで、イーストエンドの労働者階級が住んでいるスラム地区の慈善クラブの責任者として働く。そこでアトリーは、スラムの少年たちの面倒を見ていたのだが、彼らの生活の実情を知って驚き、「貧困をなくすには慈善活動ぐらいではどうにもならない」と考えるようになる。政治が富の分配を行なわなければ、英国はもうどうにもならない状態なのだと気づいたのだ。こうして彼は社会主義者となり、労働党に入党して政治活動を始めた。

彼自身は経済政策には疎《うと》い人だったので、具体的な政策はもっぱら人任せだったと言われているが、彼の労働党が重視したのは、戦時中の完全雇用の状態を持続させることだった。アトリーは、それこそが貧困をなくす道だと信じていた。労働党は戦後も配給制を維持し、1954年まで完全には廃止しなかった。そして包括的な社会保障を導入したので、格差の拡大を阻止することができた。

快適なライフスタイルに慣れていた裕福な人々にとって、戦後の暮らしは暗く惨めなものだったが、大恐慌時代に失業と貧困に喘《あえ》ぎ、大空襲を生き延びてきた労働者階級の人々にとっては、戦後は明るく新しい時代の幕開けだった。実際、1945年から1951年にかけて、労働者階級の人々の生活は劇的に改善したのである。

保健と住宅問題を担当した大臣、アナイリン・ベヴァン（通称ナイ）は、アトリーと並んで、1945年発足の労働党政権を代表する人物だ。彼は毎年24万戸の公営住宅を建てると公約し、「それを必要とするすべての人に住宅を提供する」という信念のもと、街づくりを含めた本格的な住宅建設プロジェクトを推進する。

先に紹介したケン・ローチ監督のドキュメンタリー映画『1945年の精神』で、このときの庶民の反応を見ることができる。スラムで暮らしていた男性が、「公営住宅をオファーします」という手紙を地方自治体から受け取り、その時の手紙を何十年も大切に財布に入れて持ち歩いていたというエピソードも出てくるほど、ベヴァンの住宅政策は、労働者階級の人々の生活を一変させ、労働者たちはこのときのことを決して忘れなかった。

それまではトイレも浴室もない薄暗いスラムの部屋で暮らしていた人々に、ベヴァンはただ住居を与えるだけでなく、「通気性がよく、明るく、バスルームがあって、断熱が施された、でき得る限りの最良の住宅」を与えようとした。たとえば、庭で遊ぶ子どもたちのために、2階だけでなく、1階にもトイレが必要だと主張したそうで、こうした公営住宅を労働者階級の人々に与えることは、当時の常識では贅沢すぎると批判する人も少なくなかった。

また、一軒ずつの住宅だけではなく、図書館、博物館、体育館や学校など、総合的な街のデザインを視野に入れた文化的なニュータウン・プロジェクトが、英国のあちこちで進められた。ベヴァンがウィリアム・モリスの言葉を何度も復唱して吃音《きつおん》症を克服したのは有名な話だが、プロレタリアートを解放し、生活と芸術の一致を果たさねばならないと言ったモリスをベヴァンは敬愛していた。ベヴァンは労働者たちに住む場所を与えるだけでなく、健康で文化的なライフスタイルを提供したかったのだ。

NHS（国民保健サービス）の実現

ベヴァンはウェールズの貧しい炭鉱労働者の家庭に生まれ、13歳で炭鉱に働きに出た。そして労働組合の奨学金を受けながら、大人になってから勉強して政治家になった。だから彼は、病気になってもお金が無くて医者にかかれない人々の現実や、幼くして亡くなっていく子どもたちの悲劇を皮膚感覚で知っていた。

そのベヴァンが、政治家としての情熱を注いだのは、住宅問題だけではなかった。彼は、今でも英国の人々が、「王室と並んでこの国を代表するもの」と公言して憚《はばか》らないNHS（国民保健サービス）を設立したのである。

それまでは民間の医師たちが、患者の懐《ふところ》具合に応じた治療を行なう「商業的サービス」だった医療を、病院のみならず、医師、看護師、賄《まかな》い、医療品のすべてを、国家保健の枠組みの中に組み込み、無料ですべての国民に医療サービスを提供するというこの壮大な計画は、提案当初は荒唐無稽な夢物語だと思われていた。

しかし、岩のような意志と、時に狡猾《こうかつ》な戦略も使う政治的手腕で、ベヴァンは不可能を可能にする。

「病とは、人が金銭を払ってする贅沢ではないし、金銭を払って償《つぐな》わねばならない罪でもない。それは共同体がコストを負担すべき災難である」

というベヴァンの言葉は、現在でもNHS発足の理念として、英国の子どもたちが学校で教わっている。

ベヴァンは、ちょっとヤクザっぽい山っ気のある人でもあった。が、彼が無謀とも思えるギャンブルに出たり、大衆を騒がせたりするときは、彼が労働者階級の人々のために何かを勝ち取ろうとしているときだった。彼がよく口にした「政治は一部の人間のためでなく、すべての民のためにあるべき」という理念は、コービン党首率いる現在の労働党のスローガンにもなっている。

住宅と医療を担当したベヴァンは、戦前には英国の労働者階級に許されていなかったこの二つの分野での「ピープルの人権」を確立した。労働者階級のための政治は、中庸の道では獲得できないと確信していたベヴァンは、「道の真ん中を歩く者は車に轢《ひ》かれる」と演説してピープルを熱狂させた。

終戦後の英国が取るべき外交策についても、ベヴァンは、自分たちは強国なのだと声高に主張する攻撃的な戦略をとらず、無料の医療を国民全員に提供するNHSを世界の人々に告げ知らせ、羨望されることによって、「洗練された人道的な福祉国家」としての立場を確立せよ、と言っていた。

しかし労働党は、このベヴァンの主張を採択せず、冷戦がエスカレートするにつれ、防衛費を増額していく。そしてこれは、ベヴァンの理念が裏目に出たとも言えるのだが、労働者階級のために良い住宅を提供することに傾注したばかりに、あまり多くの住宅を建設することができず、結果的には公営住宅の不足が、「中流階級の家のような住宅に入ることができたラッキーな労働者たち」に対する「いまだ公営住宅に入ることができない労働者たち」の羨望と嫉妬に結びつき、1951年の総選挙で労働党は敗退し、保守党が政権に返り咲くことになった。

自信を身につけた労働者階級

ウィンストン・チャーチルの保守党は、わずか17議席の僅差《きんさ》で再び政権に就いた。保守党に票を投じた人々の多くは、労働者階級の台頭を快く思わない中流層だった。彼らは、労働党が完全に英国を社会主義の国にして、私立の学校や民間の医療を全面的に廃止してしまうのではないかと恐れていたのである。中流以上の層がそうした不満や不安を抱いたほど、1940年代は英国労働者階級の全盛期だった。

歴史家のジェフリー・フィールドは、「二つの大戦間の20年が、労働者にとって貧困と失業手当に並ぶ長い列を喚起させるとしたら、中流階級にとって、戦後のこの時代は、税金が上がり、低賃金の召使いもいなくなった『失われた楽園』だった」と書いている。

NHSができたといっても、戦前から治療費を払って医者に診てもらえた人々にとっては、かえって自分たちの特権が奪われた気がするだけで、ありがたみはなかったし、労働者たちがまるで中流階級の住宅のようなハイスタンダードの公営住宅に住んでいる様子を見れば、労働党政権は税金の無駄遣いをしていると批判したくなった。

一方、完全雇用で安定した生活を手にし、経済力をつけた労働者階級の人々は、自分たちも社会を構成する重要な存在なのだという自信を身につけた。

とはいえ、ケン・ローチの『1945年の精神』でも指摘されているとおり、この時代の「ピープルの革命」も完璧なものではなく、欠陥はあった。けっして「既得権」はなくなったわけではなかったからだ。

工場も炭鉱も、労働者たち自身の手で運営されたわけではなかったし、民間企業から国家官僚へと支配者が変わっただけで、相変わらずその運営法は、上意下達《じょういかたつ》。国の富の一番おいしいところを少数のエスタブリッシュメントが手に入れるという構造自体は変化していなかったのだ。

労働党政権は、いまや英国の社会は、「どんな家庭に生まれたか」ではなく、個人の実力に基づいて構築されていると主張していた。しかし、学歴や、良い職を得るための選抜や賃金格差を通して、経済力・政治力が少数の手に握られ、支配が少数のトップから下側の大勢に降りていくシステムを終わらせることはできなかった。この点で、英国の「ピープルの革命」は、やはり階級支配を超えたものにはなれなかったのである。

(3) ワーキングクラス・ヒーローの時代(1951年—1969年)

◆消費と分割払いの時代

繁栄の1950年代——陰で広がる収入格差

1940年代は、富める者と貧しい者との収入格差を劇的に縮小させた時代だったが、1950年代にはこの格差は再び開き始めていた。スラムが減り、物質的な生活水準が上がったため、「貧困」という言葉を使うことは政界ではタブーになった。が、労働者階級の人々にとって、1950年代という「繁栄の時代」は、政府がプロパガンダするほど輝かしい時代ではなく、戦前とは違った意味での、不安定さと怖れの時代の幕開けだった。

この時代の「繁栄」とは、要するに消費財を所有することを意味していた。テレビ、冷蔵庫、調理用コンロ、ソファなどは、豊かになった社会の象徴とされ、労働者階級の人々は、こうした商品を分割払いで買い、残業の時間を増やしてその支払いに充てた。

消費が幸福のバロメーターとなり、労働者階級の人々は、生活ではなく消費のために借金をするようになっていく。これは1951年に政権を握った保守党の意図的な政策でもあった。保守党政権も、1945年発足の労働党政権と同じように、「戦後の成長は製造業によって生産される製品への需要を刺激することによって促されるべき」と信じていたが、同時に製造業だけに頼るのは危険だと思っていた。だから、消費を刺激して利益をあげることを支援するため、「掛け」での販売と購入を奨励した。

1954年には、ローンと分割払いに関する規制も緩和され、高価な家具や電化製品にかかる税が免除された（だが、その反面、洗濯板のような伝統的に使われてきた安価な家庭用器具には、消費税を導入した）。こうした政策は、労働者階級が大量生産の消費財を買うことを可能にしたため、ローンを返すために働く時代が到来する。

家庭用器具に税金を課されたことで労働者階級の懐は苦しくなったが、逆に中流以上の階級は、1930年代の初め以降で最も低い税率の恩恵にあずかっていた。そのため、1950年代は、肉体労働者と専門職の収入格差が拡大していった。

賃金の上昇はすべての労働者が経験していたが、専門職の収入のほうがはるかに大きな割合で上昇していった。「繁栄の時代」と呼ばれた1950年代は、じつは社会的な分断が進んだ時代でもあった。

1945年の「ピープルの革命」を見ても明らかなように、英国の労働者階級の人々は、何よりもまず、生活の安定を望む人々だ。それが消費とローンの時代に放り出され、賃金の上昇があるとはいえ、その利益はどこまで続くのか不安を感じるようになっていた。こうした社会状況の中で、労働者階級の結束も、戦後の数年間のような強固さを持たなくなっていったのである。

ワーキング・マザーの先駆けは労働者階級の女性たち

1955年には、英国の家庭の3分の1がテレビを所有し、1960年までには、全国民の90%になっていた。こうした消費を可能にしたのは、既婚女性の就労が大きな要因であった。1951年には既婚女性の3分の1が就労しており、その10年後には約40%が働くようになっていたのである。1950年代の英国の女性たちは、子どもができても家庭に入らず、出産のために一時的に仕事を休むだけで、ずっと働き続ける女性の最初の世代になった。

これは戦後の製造業の活況によるところが大きく、製造ラインで働く労働者が大量に求められたので、様々な工場で、子どもたちが学校に行っている時間や夜間など、子育てに影響が出ない時間帯で母親たちが働けるシフトが用意されることになった。

つまり、ワーキング・マザーの社会進出の先駆けとなったのは、英国では労働者階級の女性たちだった。肉体労働者や低賃金の事務職員たちの妻に比べ、専門職の男性たちの妻は働きに出ていなかった。

保守党は、こうした女性たちの労働力を必要だと見なしつつ、公に奨励はしないというアンビバレントな立場を取った。働く女性たちを教育現場や病院でも雇おうとする動きがある一方で、閣僚の中には、子どもを持つ母親たちが仕事に出ることは、子どもたちの非行の原因になり、ぜいたく品を買うために母親たちが子どもを犠牲にするのは強欲だと批判する者たちもいた。

しかし、この時代の労働者階級の母親たちの働く姿は、後の英国の女性たちに大きな影響を与えたのは確かだ。子どもを育て、同時に仕事もこなす母親たちの姿を見て育った女性たちは、「男であれ、女であれ、欲しいものは自分で働いて手に入れるものなのだ」というマインドセットを自然に身につけていたのである。

◆住宅政策の変化

失われる公営住宅の理念

１９４５年発足の労働党政権で住宅問題を担当したアナイリン・ベヴァンは、労働者階級の人々に「良い住宅」を提供することに情熱を燃やしたが、保守党政権は公営住宅のクオリティーを徐々に落としていった。

広くて新しい設備が整ったベヴァンの公営住宅は、中流階級の家と比べても見劣りがしないと言われたものだったが、保守党政権は、公営住宅は民間の住宅に劣る二級の住宅でなければならないという戦前の概念に戻った。保守党はベヴァンが定めた公営住宅に関する規制を緩和し、建設目標の戸数を達成するため、住宅のスペースを狭くし、安い材料を使ってできるだけ短期で公営住宅を建てることを地方自治体に求めた。

その結果、１９５０年代半ばまでに建てられたものと、それ以後に建てられたものでは、広さも質もまったく違うという「公営住宅の二層性」が生まれた。公営住宅が、労働者階級の人々が健康で文化的な生活を送るための住環境を提供する場ではなく、社会の最も貧しい層の人々を収容する場所へと変化したのである。

この変化は、公営住宅地の計画にも現れた。ベヴァンは公営住宅地には公園や図書館、レジャー施設が必要だと主張して、総合的な都市計画と公営住宅建設とを一緒に進めたが、保守党政権は、空き地に一つでも多くの住宅を建てるため、公共施設や設備の建設を無視した。1954年には、政府が地方自治体に、「スラム撲滅のためだけに寄与すればいいからとにかく住宅を増やせ」と通告したので、ベヴァン時代のような総合的なニュータウン開発は見られなくなった。

保守党政権の考えは、地域の住民のニーズは、放っておいても民間企業によって最適の形で満たされるようになるので、政治がそれを満たす必要はないというものだった。こうした保守党の政策は、ベヴァンが特に力を入れた「コミュニティづくり」の概念とはまったく異質のものだった。

1951年には、地方自治体から住宅を借りていた家庭は全体の18％だったが、1960年には25％になり、1970年代までには英国の家庭の約3分の1が公営住宅に住んでいた。これは、スラム撲滅の目的を掲げた保守党が住宅を建て続けたからだったが、もはやその住宅は、ベヴァンの頃のような確固とした理念を感じさせるものではなくなっていた。

公営住宅は、町の中心部から離れた辺鄙《へんぴ》な場所に建てられることが多かったが、スラムの住民たちは、自分たちが慣れ親しんできた場所から離れたくないと思っていることが多かった。だから、むやみに貧困家族をスラムから引き離すことは、住民の「帰属意識」を考慮していないと、スラム撲滅政策に批判的なスタンスをとる社会学者たちも出てきた。

こうした社会学者たちは、労働者階級の人々が互いを助け、支え合う絆の強さに打たれ、中流・上流階級には見られない、労働者の街の独特のコミュニティ・スピリットをロマンティックに美化して考えていた。セリーナ・トッドは、「1950年代の研究者たちは、労働者階級の生活というのはそうした地区に暮らす人びとの美徳や何かだけで形成され、密閉された近隣でのみ営まれるものだとほのめかしていた」と書いている。

しかし、実際に労働者階級の人々が、互いに少ない持ち物を分け合ったり、互いの子どもの面倒を見たりして助け合う精神を身につけていたのは、そうしなければ生きていけない貧困の中で生活していたからであり、労働者の中には当然ながら、スラムの中での暮らしを窮屈な村社会のように感じる人や、もっとプライバシーが欲しいと思っている人もいた。

加えて、この過密状態と貧困は、狭いコミュニティの中での衝突も生み、たとえば、アイリッシュ移民の多いロンドンなどの大都市では、カトリック信者とプロテスタント信者の対立もあった。しかし、過密状態のスラムから公営住宅地に引っ越すと、カトリックもプロテスタントも同様に、「新たな人生のはじまり」を意識している点で寛容に結束することができ、こうした対立も薄れていったのだった。

移民を早くから受け入れた労働者階級

住宅問題で最も苦労したのは、移民たちだった。戦後、製造業の労働者を獲得しようとした労働党政権の政策により、カリブ海諸国やアジアなどの英連邦国から英国に入国してくる移民の数が増加した。彼らにとって、仕事を得ることはとても簡単だったが、住宅を探すのは至難の業だった。

移民に対する差別が著しいこの時代、白人ではない人間に部屋を貸す大家は少数だった。若い移民が数多く入ってくるようになると、当然ながら、若い英国人と恋に落ちる移民も増え、異人種カップルが敵意の目を向けられるようになった。

こうした風潮を利用して、移民に対する住民の不安をいたずらに煽《あお》る政治家もいた。住宅不足は移民のせいであると言っておけば、政府の公営住宅建設の数がニーズに追いついていないことを隠蔽《いんぺい》しておくことができたからである。

1958年の夏に起きた、ロンドンのノッティング・ヒルとノッティンガムのスラム地区での人種暴動も、きっかけの一つになったのは住宅不足の問題だった。これらの地域には、低賃金の臨時の仕事で生きている貧しい若者たちが大勢住んでおり、彼らにはまともな塒《ねぐら》もなく、1950年代の繁栄に自分たちはまったくあずかっていないという意識が強かった。

彼らの憎悪はまず、異人種間のカップルに向けられた。住宅も、仕事も、若い女性たちも、移民に奪われているというのが、暴動を起こした若者たちの言い分だった。

こうした衝突を繰り返しながらも、それでも労働者階級は、英国でもっとも早く移民を受け入れた層だった。彼らの住む貧しい地区が、移民労働者が住む場所でもあり、彼らとは同僚として同じ職場で働いていることが多かったからだ。だから、移民と触れる機会のない郊外の中流階級の人々よりも、労働者階級のほうが、早く移民に対する寛容性や適応力を育てていった。

1958年の暴動の後、政府の依頼で、移民が英国社会に与えた影響についての調査が行なわれているが、1963年に発表されたブリストルでの調査結果では、黒人住民の近くに暮らす白人住民のほうが、移民に対して敵対心を抱かない傾向にあり、子どもを持つ白人の母親たちと黒人の母親たちの間には、友情がはぐくまれていたことが報告されている。

こうして労働者階級の英国人と「よそ者たち」は、徐々に友人としてつきあい始めるが、同じ英国人であっても、別の階級の人々に対する共感は生まれなかった。英国の労働者階級では、移民の問題よりもこちらのほうが深刻であり、「公営住宅を借りている労働者階級の人びとと近隣の中流階級の関係は、もっと緊張していることが多かった」とセリーナ・トッドは書いている。

◆ファッショナブルな労働者階級

教育改革の果実——階級上昇を果たした一部の若者たち

１９５０年代の終わりから１９６０年代初めにかけて、英国の文化に一大革命が起きる。それまでは、「社会の下層にいる、貧しく恵まれない人々」と見なされてきた階級が、ファッショナブルな存在としてカルチャーを動かす核になったのだ。

これには、ティーンエイジャーの労働者たちが、社会において重要な消費者になったことが大きく関係している。

彼らは「労働者階級のニュー・ジェネレーション」と呼ばれた。実際、この新たな世代の若い労働者たちは、両親や祖父母の世代とはまったく違う人種のように見えたし、ライフスタイルも異なっていた。

そこには、戦後の抜本的な教育改革が大きく寄与していた。1948年に労働党の教育相エレン・ウィルキンソンが施行した教育法によって、中等教育が義務化・無償化された。ウィルキンソンは「教育機会の平等」を信じていた政治家であり、「家族の富や生まれではなく、実力のみで教育機会が決定されるべきだ」と主張していた。

こうして英国は、選抜制グラマースクールの黄金時代を迎え、少数ながらも優秀な労働者階級の子どもたちには、グラマースクールに進学して大学教育を受ける機会が与えられた。しかしグラマースクールは、結局は少数の労働者階級の人間を中流階級にすることに成功しただけで、労働者階級の子ども全体の教育的底上げには何の役割も果たせなかった。

だから、結局は、資本を使って我が子に選抜試験の準備をさせられる親たちの子どもが、輝かしい未来を手にすることを強化しただけと批判もされてきた（現首相のテリーザ・メイは、自らグラマースクール出身者であり、この制度の復活を政策として発表しているが、大きな反対に遭っている）。

しかし、その一方では、この政策のおかげで階級を昇ることができたほんの一部の労働者階級出身者の中から、作家や俳優、メディア関係者が出現するようになったのも事実だった。それ以前は、社会の目立つところでオピニオンを発することのできる立場の人々は、きちんとした教育を受けた中流・上流の人々ばかりだったのである。だが、少数ながらも労働者階級から出てきた文化や情報の送り手たちが、小説やテレビ番組や映画で、それまでとはまったく違った作品を発表し、注目されるようになった。

文化的ムーヴメントの主役は中・上流から労働者階級へ

１９５０年代の英国の大多数は労働者階級の人々だったが、当時の文学や映像や演劇で伝えられていたのは、まだ中流・上流階級の暮らしだった。戦後の人々は、ウィットに富んだ会話や構成の完成度を楽しみ、経済的豊かさがいつまでも続くことを前提とした現実逃避型の文化を好んだ。

だが、ここに楔《くさび》を打ち込むように、「怒れる若者たち」のカルチャー・ムーヴメントが現れる。１９５６年初演のジョン・オズボーン作『怒りを込めて振り返れ』は、労働者階級の若者が脇役として登場するのではなく、労働者階級の主人公の視点で描かれた作品だったことで、戦後、最もラディカルな演劇と呼ばれた。

1958年には、やはり成功を求める労働者階級の若者の物語である『年上の女』（ジョン・ブレイン作）がベストセラー小説になる。工場労働者だったアラン・シリトーの小説『土曜の夜と日曜の朝』も同年に発表されている。

さらに同年には、現在でも労働者階級を描いた作品としては名作中の名作と呼ばれ、80年代にもロックバンド、ザ・スミスのモリッシーが「最も影響を受けた映画」と言ってリバイバルしたシーラ・ディレイニ作『蜜の味』の劇場版が、ウエストエンドで大ヒットを飛ばす。労働者階級の10代の少女が、黒人の船乗りと関係を持って妊娠するというストーリーは、当初はスキャンダラスな作品として受け取られた。が、次第に、「実際に労働者階級の社会では起きているが誰も描いたことがなかったことを、真っ向から取り上げた作品」として絶賛される。

1960年までには、労働者階級の暮らしは映像でも描かれるようになる。1960年には、現在も続いている英国ITVの国民的ドラマ『コロネーション・ストリート』が始まっている。これらは「労働者階級もの（キッチン・シンク）」と呼ばれた。キッチン・シンク（台所の流し）と呼ばれた由来は、1928年生まれのロンドンの画家ジョン・ブラットビーの絵の作風につけられた「キッチン・シンク・リアリズム」という表現から来ている。ブラットビーは、潰れた缶やビール瓶、台所の流し、調理器具など、日常の生活に使うものばかりを選んで絵に描いた。

こうした作品と文化的ムーヴメントの旗手となった作家たちは、全員が労働者階級出身ではなかったが、戦後の文学や映画や演劇が、実際に世の中で起きていたリアルな事象を取り上げてこなかったことへの不満を抱いたクリエイターたちだった。

『蜜の味』のシーラ・ディレイニは、工場の事務員として働いていた時代に、演劇を見にいくと、労働者階級が常に「笑いを取るための頭の悪いキャラクター」として使われていることにうんざりし、「魅力的で安全な環境に守られた文化的な生活」しか登場しない演劇は、現実の社会とは乖離していると思っていたと話している。彼女は1961年に『蜜の味』が映画化されたとき、オードリー・ヘップバーンを主役にしたがった制作会社に反対し、リヴァプールの労働者階級出身の無名のティーン、リタ・タッシンガムを主役に据えた。

労働者階級こそがクールな時代

こうした作家たちによって創出された新たな主人公像「怒れる若者たち」は、当時の労働者階級の若者たちの姿を反映していた。彼らは、戦前の若者のように失業と飢えには怒っていなかったが、グラマースクールに代表される「実力主義」で人間を振り分けていく政治や社会のあり方に疑問を抱き、「労働者階級の人間がすべて、階級を昇って中流階級になりたがっているという前提こそがおかしい」と憤っていた。

彼らは、中流・上流階級が、自分たちより社会的にも文化的にも「上」なのであるという決めつけに問いを投げかけ、「上への流動性」やスラム一掃計画によって消滅寸前の、コミュニティ・スピリットや階級への帰属心、真摯《しんし》な感覚こそが、労働者階級の価値観なのだと主張した。

自らの階級に対する誇りに満ちた労働者階級の若者たちは、もはや親の世代のような、ボロ切れのごとく擦り切れた灰色の服をまとった若者たちではなかった。完全雇用と福祉国家の恩恵のもとに育った若者たちは、まだ高等教育を受けている中流・上流階級の子女とは違い、10代で仕事を始めた。彼らにはまだ支えるべき家族もいないので、その所得のほとんどを消費に使うことができた。この層が「新たな10代の市場」を作り出し、服やレコード、スクーター、化粧品、タバコなどの業界が、マーケティングの主要なターゲットと見なすようになる。

こうした労働者階級の若者たちは、経済的安定だけではなく、創造的な刺激や感情面での充足も求めるようになっていった。この時代には、彼らの美的感覚が「クール」と見なされるようになる。

テディ・ボーイ、モッズ、ロッカーズといった新たなファッションによる「族」も登場し、労働者階級であることが一種のトレンドになる。労働者階級は変革のパイオニアと見なされ、若い著名人たちは、自分が労働者階級であることを隠そうとするどころか、中流階級出身者まで、自分の出自は労働者階級だと言って、経歴をでっち上げるようになった。労働者階級出身のスターであることは、ある意味では実力主義社会の勝者であることを意味し、「才能ある選ばれた者」である証明にもなったからである。

ビートルズやシーラ・ブラックなどを生み出したリヴァプールの音楽シーンは、特にこうした「クールな労働者階級」文化の発信地ともてはやされ、他方ではロンドンにも「俺たちはマスウェル・ヒルの労働者階級の社会主義者だ」と宣言したキンクスや、モッズ・カルチャーを代表するバンドと呼ばれたザ・フーが登場し、彼らは「ブリティッシュ・インヴェイジョン」と呼ばれた英国産ポップカルチャーの海外輸出戦略の核を成すバンドとなる。

労働者階級の若者たちは、新たなカルチャーの消費者となるだけでなく、発信者にもなったのである。

ジェントリフィケーションのはじまり

賃金の上昇と共に、多くの労働者階級の若者たちが本も読むようになった。ペーパーバックの値段が下がっていったこともあり、本が高価なぜいたく品でなくなっていたこともその理由の一つだった。リチャード・ホガート著『読み書き能力の効用』、アラン・シリトー著『長距離走者の孤独』、そして前述の『蜜の味』などは特に人気が高かった。

労働者階級が発信する文化がもてはやされた理由は「オーセンティシティ（本物らしさ）」がそこにあると考えられたからだ。これを日々の生活に取り入れたいと願う中流階級の若者たちが、親と一緒に生活していた郊外の庭付きの邸宅を出て、首都圏の荒廃した貧しいエリアに引っ越してくるという現象も起き始めた。

こうした動きの発端になったのは、新たな文化的ムーヴメントに敏感な芸術家や作家、クリエイターなどで、彼らが貧困地域に住むようになると同時に、ギャラリーや洒落たレストラン、ブティックなどが貧困地域に現れ、エリア全体の地価や家賃が上がり、もとから住んでいた労働者階級の人々には住めないヒップな地域になって、住民の階級交代が始まるという皮肉な現象も発生した。

１９６４年に発表された著書『London: Aspects of Change（ロンドン　変化の様相）』(MacGibbon & Kee　未邦訳）の中で、社会学者ルース・グラスはこの現象を「ジェントリフィケーション」と初めて呼んで批判した。以降、この言葉は、英国のみならず、同様の現象が起きている世界中の国で使われることになる。

このように、スウィンギング・ロンドンの階級の流動性もバラ色とは言えず、様々な問題を引き起こした。何よりも、政府やメディアが、一部の成功をおさめた労働者階級出身の著名人たちに注目し、「いまや英国に階級はなくなりつつある」と主張することは、いまだに貧しい生活や日常的な不平等を経験している地べたの人々の不満を煽ることにもつながった。これらの人々にとって、階級は気ままに着たり脱ぎ捨てたりできるものではなく、一生涯着続けなくてはならないものだったからである。

◆労働組合が闘いはじめた時代

若い労働者たちが身につけた運動への意識

１９６０年代の終わりは、「労働組合が闘いはじめた時代」と呼ばれる。労働組合の加入者数は、1960年の1000万人から、1979年には1300万人に増え、組合加入率は55%に達していた。

伝統的には、労働者と雇用主の交渉においては、熟練の技術を持った労働者が有利であり、彼らにはある程度の自由が与えられていた。しかし、1960年代末には、工場の組み立てラインでの仕事が増え、女性労働者が行なっていたこの種の仕事に男性も就くようになっていた。

こうした仕事は低賃金で、待遇もよくなかった。彼らは非熟練の、あまり価値のない労働者と見なされていたからだ。しかし、1960年代末になると、こうした末端の労働者たちも立ち上がってストライキを行ない、雇用主と交渉するようになる。

これは、低賃金の組み立てライン労働者には、若者が多かったことも関係していた。戦後の福祉と教育の改革によって、若い労働者たちは、自分たちに権利があることや、権利を求めて闘うべきだという意識を自然に身につけていたのである。

こうした運動の気風は、女性や移民労働者の間にも広がっていった。映画『ファクトリー・ウーマン』(2010年、日本未公開)に描かれているフォードのダゲナム工場の女性労働者たちのストライキや、インド系労働者組合(IWA)の闘争がよく知られている。前者は、労働における男女の平等を求め、また後者は、移民は使い捨ての労働力ではないことを主張して立ち上がったのである。人種とジェンダーの問題は、常に労働者階級の日常の生活の中に存在してきた。

優先課題が「庶民の生活」から国の経済に

1960年代は、人種問題が大きな政治トピックになった時代でもある。1968年には、保守党の国会議員イーノック・パウエルが、悪名高き「血の川」の演説を行なった。

彼は、移民が増えると街中で暴力事件が増えて「血の川」のようになると発言し、「年間5万人もの移民扶養者の入国を許すなど、我々は正気ではない、気が狂っている」「我々は自分で自分の火葬の準備をしているようなものだ」「ローマ人が言ったように、『ティベル川が血で一杯になる』のが見える」と語った。

彼は人種差別的な発言を行なったとして、影の内閣の職を辞任させられたが、数百人の港湾労働者が彼の主張に賛同して、国会議事堂の外でデモを行なった。

あまり知られていないことだが、実際にはこれらの労働者は組合には入っていなかったとセリーナ・トッドは指摘している。逆に、その排外的なデモが行なわれた場所の近くで、組合の白人労働者たちが集まり、パウエルの演説に反対する抗議運動を行なっていたので、彼らに賛同しない非組合員労働者たちが、それにカウンターをかける形でパウエル支持デモを行なっていた、というのが真相らしい。だから、当時、大半の労働者が排外的になっていたという通説は間違っているとトッドは主張する。

しかし、移民を安価な使い捨て労働力として利用する雇用主たちの強欲さのために、移民の仕事仲間に対する憎悪を抱く労働者たちも現実に存在した。移民たちと同じ職場で働いていた労働者たちは、彼らと同様に劣悪な労働条件で不安定な職に就いていることが多く、この層の労働者はほとんど組合にも入っていなかったのである。

こうした社会の緊張を受け、労働党のハロルド・ウィルソン首相は、「寛容さ」を反映させた政策をとろうとした。1965年には、英国初の人種差別禁止法、人種関係法ができ、公共の場での人種差別行為が違法になった。1967年には、成人男性の同性愛と妊娠中絶が犯罪ではなくなった。1969年には、虐待や姦通の事実がなくとも合法的に離婚が許されるようになる。1970年には平等賃金法で、性別によって労働者を不当に扱うことが禁止された。

ウィルソン首相の労働党は、このようにジェンダーや人種の分野では前進を促す政策を取ったが、１９６６年の選挙で勝ってからは、労働者に対しては厳しいスタンスをとるようになった。海外の製造業との競争が激化する中で、元経済学者だったウィルソンは、完全雇用を志向するのをやめ、英国経済のスリム化を目指すようになった。

ウィルソンは、労働者たちは、賃金の低下や、仕事の不安定化や、短期の失業も受け入れなければならないと主張し、社会の不平等については、最も貧しい者たちへの支援を強化すればよいと考えていた。どちらかといえば保守党的な新自由主義の考え方に傾いていたのである。

こうして庶民の生活は、もはやウィルソン政権にとり優先課題ではなくなっていた。政権にとって重要なのは国の経済だった。そして国家の経済的安定にとって最大の障害になるのが、好戦的な労働者たちによる争議行動だと考えられるようになっていったのである。

（4）受難と解体の時代（1970年―1990年）

◆不安と不満の70年代

住宅問題への不満――公営住宅の削減と家賃値上げ

1970年の総選挙で、エドワード・ヒース率いる保守党が政権を握った。大方の予想は労働党の勝利だったので、この結果は、いかに人々がウィルソン政権に失望させられていたかを示す結果になった。

選挙前の世論調査では、人々の最大の関心事は「住宅問題」と「雇用」だった。ウィルソン首相は「人種」や「ジェンダー」の問題には力を入れたが、「生活」というすべての労働者たちの身近なところにある問題に取り組まなかったので、有権者たちの労働党離れを生んだのだった。公共投資削減と失業率の増加は、労働者階級の暮らしを苦しいものにしていたからだ。

「1970年代は、ストばかり打って働かない労働者たちの傲慢《ごうまん》と怠慢が、英国の衰退を招いた時代」というのは、いまでも多くの人が信じている説だ。

しかし実際には、70年代は、労働者たちの交渉やストの権利が奪われ続けた時代であり、そのために政権と労働者の間の緊張感も高まっていったのだった。

政府や労働者のコントロールから解放された自由市場を目指した保守党のヒース首相は、1971年には労使関係法を施行。労働者の権利が著しく制限されて、異なる職種や産業界の労働者たちが連帯して行動する組合間争議が違法になった。ヒース政権は、ストライキを行なう労働者たちを国家の敵と見なし、戦後に組合員たちが培《つちか》ってきた交渉力や団結力をそごうとした。

人々が政権に取り組んでほしい事柄は「住宅問題」であったにもかかわらず、ヒース政権は公営住宅を大幅に減らそうとした。ヒースも「持ち家文化」を広めようとする典型的な保守党の政策を取ったのだ。彼の政権は民間の賃貸住宅を活性化させ、公営住宅はホームレスなどのもっとも困窮している層の住宅にした。

1972年の住宅法は、地方自治体から公営住宅の賃料をコントロールする権限を奪うものだった。自治体は市場価格で賃料を定めることが義務づけられ、公営住宅の賃料のほうが民間の賃貸住宅より高いという逆転現象も現れ始めた。

こうした状況を受け、住宅運動家たちが各地に現れた。彼らは公営住宅の賃上げに反対し、家賃不払い運動を繰り広げた。

これらの運動のもっとも熱心なリーダーになったのは、公営住宅地に住む既婚の女性たちだった。子どもを抱え、家計をやりくりしている母親たちが、家賃値上げに「ふざけるな」と立ち上がったのである。公営住宅の母親たちの家賃不払い運動は、「家事と政治は直結しているのだ」をモットーにした、生粋の地べたの運動だった。

公営住宅地で始まった女性たちの活動

公営住宅地の怒れる母親たちは、そのうち地域の女性グループへと発展していった。彼女たちは紅茶を飲みながら様々な問題を話し合うミーティングを定期的に開き（この習慣は、いまでも英国の古い公営住宅地に「モーニング・コーヒーの会」として残っている）、そのうち互いの子どもたちを預かり合う託児所や学童保育を行なうようになった。

こうした女性グループには、公営住宅地の母親たちだけが集まっていたわけではなかった。

母親たちの運動に賛同する大学生や、荒廃した地域に建設された安い住宅を購入して引っ越してきた中流階級の若い人々、住む家のない移民たちなども仲間に加わった。

こうして非公式の託児所や学童保育をスタートさせた地元住民の女性グループは、はじめはボランティアとして互いの子どもの面倒を見ていたが、地方自治体に対して、助成金や保育士としての訓練を要求するようになった。そして託児所や学童保育だけでなく、アドバイス・センターや物資サポートサービス、女性のシェルターなども運営する「住宅共同組合」へと発展したところも多かった。

こうした住民による女性グループも、広い意味では女性解放運動の一部だった。ロンドンの中流階級の女性たちによる意識啓発型グループの運動とは違う、労働者階級の女性たちのフェミニズム運動だった。

労働者階級の女性たちは、女性の搾取は男性のふるまいがもたらすものだという中流階級フェミニズムの考え方には賛同しなかった。彼女たちは、労働も家事もこなすことにはそれほど疑問を抱かなかったが、日々の暮らしで自分たちを困らせている問題を自分たちの手で直接解決しようとし、相互扶助の精神で実際に暮らしを変えていった。

こうした女性たちは、自分たちを「フェミニスト」ではなく「活動家」と呼び、自分たちより恵まれた階級の女性たちのフェミニズム運動には違和感をおぼえていた。フェミニズムは、労働者階級の女性たちの日常を抑圧している「経済的不平等」という問題には無頓着に感じられたからだ。こうした公営住宅地の女性グループの貢献で、この時代には英国の託児所の数が飛躍的に増えている。ちなみに、拙著『子どもたちの階級闘争』（みすず書房）の舞台となっている託児所は、まさにこの流れを汲む託児所の一つだった。

こうしたコミュニティでの活動が盛り上がり、政府に権利を縮小された労働者たちの抵抗が続くなかで、労働者階級の暮らしは確実に苦しくなっていった。そして1973年のオイルショックで燃料の価格が高騰し、英国の産業を支えていた自動車産業を脅かすことになった。ヒース政権は、賃金抑制策でオイルショックを乗り切ろうとするが、炭鉱労働者たちが一斉にストに突入。燃料不足になって、政府は国家非常事態宣言を発令し、週3日間労働を施行しなければならない状況に追い込まれる。

財政破綻、そしてIMF主導の緊縮路線へ

こうして1974年、混乱の中で労働党が政権に返り咲き、ハロルド・ウィルソンが再び首相になった。公約じたいは、きわめて社会主義的で、労働者たちのための富の分配と、経

済的・社会的平等を謳ったものだった。しかし、経済危機のなかで、いったいその公約をどう実現するのかは不明だった。

当時の労働党には、トニー・ベン、スチュアート・ホランドという、後々まで影響を与えた伝説の左派議員がいた。現労働党党首ジェレミー・コービンの師であるトニー・ベンは、危機的な経済状況にあるからこそ進歩的な政策が必要であると訴え、雇用主や産業界の大物たちの利益を保護することより、庶民の住宅と仕事のほうが大事だとして、雇用を削減するのではなく、むしろ雇用創出を行なうべきだと主張した。

一方、スチュアート・ホランドは、雇用主たちが短期的利益に囚《とら》われてしまいイノベーションに失敗しているので、そうした分野の産業を国有化し、産業と住宅を現場の労働者たちが直《じか》に管理できる、民主的な社会主義への転換が必要だと訴えた。

しかし、経済学者だったウィルソン首相は、こうした主張は過激すぎるとして耳を貸さず、健康上の理由から1976年に辞職。後任のジム・キャラハン首相は、野党と財務省、財界からの要請に負けて、財政破綻を宣言してIMFから救済を受けることに同意した。

その代償としてIMFから出された条件は、公共支出の大幅削減だった。つまり、「緊縮財政」である。財政破綻でIMFから救済された英国では、福祉や完全雇用は贅沢と見なされた。

こうして、1945年のアトリー政権が謳った「人々のための雇用を創出し、公共サービスを充実させることで経済成長を促す」という労働党の路線は完全に終わった。

「小さな政府」主義の基盤は労働党が作っていた

トニー・ベンは、IMFによる緊縮財政の押し付けは、国際資本が好ましくない政権を潰すためのトラップであり、そこに嵌《は》まり込んだら労働党政権は二度と立ち上がれなくなると主張した（どこか2015年のギリシャ債務危機を思い出させる）。

トニー・ベンは、先にも述べたとおり現労働党党首ジェレミー・コービンの生涯の師であった政治家であり、コービンの反緊縮主義は師ゆずりの筋金入りの思想であるといえる。

実際、労働党がIMFの条件に同意したという事実は、「1945年のアトリー政権から始まった公共支出と福祉国家の政治は過ちであり、それが経済危機を生んだのだ」という右派陣営の主張を自ら認めたようなものだった。国際的な石油危機の影響はスルーされ、英国の財政破綻の原因は、ただ「ゆりかごから墓場まで」の政治だったと見なされるようになったのである。このレトリックは、2008年の経済危機の影響を完全に無視して、英国の不況はトニー・ブレア政権の浪費が原因だったと主張して緊縮財政に舵《かじ》を切ったキャメロン元首相が使ったものと酷似《こくじ》している。

トニー・ベンら反緊縮派の労働党左派の意見を聞かず、労働党が自らの過ちを認めるような政策を取ったことで、労働者の暮らしや福利厚生を無視してグローバルな自由市場を促進しようとする銀行家や金融関係者、右派政治家が、どれほどＩＭＦに影響力を持っていたかという事実も隠蔽されてしまった。

こうして、伝統的には「緊縮の保守党、反緊縮の労働党」だったはずなのに、労働党は緊縮政治に舵を切った。キャラハン政権は緊縮に反対する労働者に対して厳しい態度を取り、ストライキを弾圧した。

自由市場政治や「小さな政府」主義は、何もサッチャリズムが始めたわけではなく、じつは労働党がその基盤をつくったのだといまでも指摘されるのはこのせいだ。

こうして、緊縮政治で庶民に嫌われ、労働者階級を敵に回したキャラハン政権は、１９７９年の総選挙で敗退した。

鉄の女、マーガレット・サッチャーの時代が始まるのである。

◆サッチャリズムと緊縮への怒り

自由と競争と、失業率の上昇

英国の経済再生は、支出抑制による財政再建によってしか達成できないと主張するサッチャーは、「投資と雇用回復を求めるのなら、英国民は生活水準の低下を受け入れる以外に道はない」と呼びかけた。「国民みんな平等に貧しくなりましょう」という緊縮の思想である。しかし、富裕層の生活水準は少しも落ちず、貧しくなっていったのは労働者階級だけだった。とはいえ、それに気づく前の労働者階級の人々は、サッチャーのメッセージを好意的に受け取っていたようだ。

「階級はもはやなくなる。自分を助けるのは自分だ。社会や国に依存せず、個人が自分の努力と能力で成功を勝ち取る時代がきた」というサッチャーの信念は、組合があまりにも力を持ちすぎたせいで英国の経済が落ちぶれたのだと信じていた労働者階級の人々に支持された。

サッチャーは、地方自治体と労働組合は、既得権益を得ている非民主主義的な官僚と同じだと言い、それらが庶民の自由を脅かしている諸悪の根源だと説いた。英国を自由な国にするには、産業と個人の発展しかなく、それぞれが独立することが何よりも重要だと主張した。「もはや、社会などというものはない」の時代の幕開けである。

サッチャーも、階級的出自の関係のない社会を作ろうとした点では、１９４５年のアトリー政権と同じだった。が、後者が社会的連帯と協働でそれを成し遂げようとしたのに対し、サッチャーは自由と競争によってこそ、それは現実になると信じていた。

まず何よりも、サッチャーは、完全雇用は重要ではないと思っていた。それは彼女の政治思想においては、理想ですらなく、優先順位の低いものだった。こうしたラディカルな考え方を持つ政治指導者は、良くも悪しくも、戦後、彼女以外に存在したことはなかった。

よって当然のことながら、彼女が率いる政権の下で、英国の失業率は上昇した。１９８２年までにはそれは10％に達しており、もっとも影響を受けたのは、成人男性と若者たちだった。

ＩＭＦとの取り決めで、財政支出の大幅削減を行なわねばならない政府は、公営住宅の売却を進めた。１９８１年の住宅法で、公営住宅に住んでいる人々が、居住している住宅を低金利ローンで買い取れるようにしたのである。

これで政府は、公営住宅のメンテナンスからも解放され、「労働者階級の人々にも家が持てるようにした」と感謝されたが、こうした持ち家主義は、コミュニティの解体に繋がり、また住宅ローンの返済に加え、自分で負担せねばならなくなった家のメンテナンス費用のために、生活苦に陥る人々もいた。さらに、自治体が、公営住宅の売却を進めると、本当に貧窮していて公営住宅を必要としている人々のための住宅の不足が起きた。

住宅事情の悪化と失業率の上昇は、特に失業率の高かった若年層を怒りへと駆り立てた。1981年にロンドンのブリクストン、リヴァプール、バーミンガムなどで暴動が発生し、これ以降、サッチャー政権の時代には断続的に暴動が発生している。

こうした暴動は、警察からあからさまに差別的な態度をとられ、何もしていないのに街中で止められて、調べられた黒人たちの怒りをきっかけにして勃発したものが多かったが、不満を抱えた白人の労働者階級も、これに加担して暴れるようになった。

もはや、英国の人種暴動は、1950年代にあったような、白人差別主義者が黒人を襲撃するといった構図ではなく、黒人も白人も一緒になり、社会の不平等や貧困に対して蜂起するという性格を持っていた。

◆労働組合の敗北と勝てない労働党

1984年の炭鉱ストライキ、そして労働者階級の二層化

貧しい層の人々のサッチャー政権への不満は高まっていったが、サッチャー政権は1983年の総選挙で圧勝した。1981年にチャールズ皇太子とダイアナ妃が結婚し、王室人気が上昇していたことを利用し、愛国心の称揚を戦略にしたからである。

さらにフォークランド紛争でアルゼンチンと交戦し、勝利をおさめたことで、英国の人々の愛国心は頂点に達した。失業者や貧困者、暴動を起こしている人々は、社会の荷物となる敗者であり、英国を支えているのは愛国心溢れる勝者たちなのだという考え方を、サッチャー政権は定着させた。

サッチャー政権は労働組合を徹底的に敵視し、悪魔化したイメージを広めるだけでなく、その力を殺ぐことにも傾注した。1982年の雇用法では、従業員は労働組合に加わる必要がなくなり、雇用主は、従業員の多数が組合に参加することを投票で決めなければ、組合を承認する必要がなくなった。全従業員が組合に加入しなければならないという「クローズド・

ショップ」制が禁止されたことは、民主主義的であると政権は主張したが、これによって組合に加入している人々の力は、大きく弱体化させられてしまった。

1984年、石炭庁が20の炭鉱閉鎖を発表すると、全国炭鉱労働者組合は全国規模でのストライキの指令を出す。こうして、1年にもわたる炭鉱ストライキが始まった。

サッチャー政権の炭鉱閉鎖は、産業の転換期には仕方がないものだったと言われるが、英国の学者の中には、政府が本気で緊縮財政をはかるつもりなら、炭鉱労働者たちを失業させて退職年金や失業保険を払うのは、コスパが悪く、炭鉱を開けておくほうが安くつくと主張する人もいた。

炭鉱の閉鎖には、じつは政治的な意味合いがあったとセリーナ・トッドは指摘している。炭鉱労働者組合は、もっとも抵抗力の強い労働者たちの団体として、歴史的にその名を残していたからだ。

1926年に初めて英国のエスタブリッシュメントたちを震撼させたゼネラルストライキも、炭鉱労働者たちが始めたものだった。1973年のオイルショックの時にも、炭鉱労働者たちが執拗《しつよう》にストライキを続けたため、燃料不足になって国家非常事態宣言が出される状況になり、保守党政権が崩壊した。

サッチャー政権と保守党は、炭鉱労働者たちを「英国の破滅を企む共産主義者」と見なし、その解体と弱体化を狙っていたのである。

この1年の長きにわたるストライキで、炭鉱労働者たちは必死の抵抗を続けた。映画『パレードへようこそ』（2014年、イギリス制作）では、ウェールズの炭鉱でのストの様子が描かれており、ロンドンの同性愛者団体が、彼らのストに賛同して資金を集めて支援するストーリーになっている。この映画のように、炭鉱労働者たちに共感して、現金や支援物資をカンパする団体や個人もたくさん存在した。

また、炭鉱で労働者たちが警察官たちから殴られて血を流している映像をテレビで見て、そこまでする必要はないのではないかと政府に反感を抱く人々も多かった。

1985年3月、全国炭鉱労働者組合は降伏し、炭鉱労働者たちは仕事に戻った。これは、労働組合がサッチャー政権に敗北したことを示す象徴的な出来事として、人々の記憶に残った。「失業保険より石炭を」と主張して闘った炭鉱労働者たちとその家族は、政府の力には勝てなかったのである。炭鉱閉鎖で職を失った人々は失業保険受給者となり、長期無職になった人々も多かった。

以降、英国の労働者階級には「裕福で勤勉な労働者」と「怠惰な失業者」の2種類がいると見なされるようになり、労働者階級の二層化がはじまる。

金も、仕事も、闘う権利も奪われた

このようにして、経済発展の敵であったはずの労働組合を衰退させることに成功したわりには、サッチャーの政策は経済回復をもたらさず、貧困が拡大した。政治やメディアは、失業者ばかりを取り上げて批判したが、ワーキングプアも増大していた。

個人主義を推進したサッチャーは、公営住宅地のコミュニティや労働組合の繋がりを通して、力のない者たちが助け合ったり、時には集団として立ち上がって闘う権利を取り上げ、弱い者たちをもっと弱い立場に追い込んでいった。

サッチャーは、じつに11年にもわたって首相を続けたのだったが、この間、労働党が何をしていたのかというと、ニール・キノックが1983年に党首に選ばれ、サッチャー政権の政策に見放された失業率の高い若者層を支持者に取り込もうとした。キノックは、ビリー・ブラッグやポール・ウェラー、ザ・スミスらの人気ミュージシャンたちの賛同で結成された反サッチャー政権グループ、レッド・ウェッジと組んで、コンサートでスピーチしたり、政治家でありながら音楽雑誌『NME』の表紙に登場したこともあった。

まだ若かりし頃の現労働党党首ジェレミー・コービンも、レッド・ウェッジと労働党のジョイント活動に参加していた。

そのような進歩的なイメージを重要視する一方で、ニール・キノックは、「変化する経済状況に対応する政策」を打ち出そうとするが、サッチャーの新自由主義と「小さな政府」に真の意味で対抗できるオルタナティヴな経済政策を出せなかった。労働党は増加しつつあるアンダークラス層の支援に力を入れるのではなく、そこまで貧しいわけでも困っているわけでもない人々の支持を勝ち取る政策を重要視していた。だから彼らは、炭鉱のストライキでも全面的に組合を支持することはしなかったのだ。

こうした労働党の方針の変化は、伝統的に労働党を支持していた人々を投票所から遠ざけるようになった。トニー・ベンのような労働党左派は、「労働党は再び労働者のための政党にならなければ、保守党政権を終わらせることはできない」と主張したが、ニール・キノックは耳を貸さなかった。

一方の保守党は、１９８７年の総選挙でも「労働党に政治を任せたら英国は破綻する」という明確なメッセージを出して戦い、勝利をおさめた。この時までに保守党は、豊かな層や南部の中流層からの支持を確かなものにしていた。

巨額の住宅ローンを抱えた中流階級の人々は、労働党が政権を握って、再び福祉国家を復活させようとすれば、自分たちの税金が増えると恐れていた。サッチャーが「社会などというものは存在しません」と言い切ったのは、じつは首相に就任した頃ではなく、1987年の総選挙だった。片っ端から国営企業を民営化していったサッチャーは、もはやあるものは個人のみであり、サポートの必要な人々は、国ではなく隣人に頼れと言っていた。

このような能力主義の殺伐とした社会は、人々の不安を高め、格差と不平等を拡大させた。1990年には、成人の51%が、政府は富の再分配を行なうべきだと信じ、58%が福祉への財政支出を増やすべきと感じていた。

1980年代は、労働者階級という言葉を、単なる貧乏人を意味する言葉にした時代だった。

ささやかでも働きに見合った報酬を求めて、勤勉に働いた労働者階級の時代は終わったのである。

金も、仕事も、集団で闘う権利も奪われ、アイデンティティすらも奪われた労働者階級の人々の内的な変化は、のちにブロークン・ブリテンと呼ばれるようになる新たな下層文化のはじまりを意味していた。

（5）ブロークン・ブリテンと大緊縮時代（1990年—2017年）

◆貧しい者たちはアウトサイダー

メイジャーからブレアへ

1990年に政権に就いた保守党のジョン・メイジャーは、階級のない社会をつくると公言した。

これ以降、右派、左派を問わず、政治家たちは、「英国には階級はなくなった」と口にし、英国はみな中流階級になったのだと言いたがるようになった。

しかし、それと逆行するように、今世紀に入ってから、様々な調査で、英国の人々の半数以上が自分を労働者階級だと見なしていることがわかった。為政者と国民の意識の乖離が本格的に始まったのが、1990年代だったと言えるだろう。

メイジャー首相は、前任のサッチャー首相とは違い、何ごとにも穏健な政策をとる政治家で、いまとなっては「彼は何をしたのかいま一つよくわからない首相だった」と言われがちだが、労働者階級出身の首相にしては驚くほど、貧者には厳しかった。

1980年代に固定化されたサッチャーの「社会は豊かな主流の人々と、少数の、国に金をせびる怠慢で無責任な人々で構成されている」という考え方を、メイジャーも引き継いだ。1993年には失業率が10%を超えたため、各種手当の不正受給の取り締まりを強化し、「不正受給を知らせるホットライン」を設けて、貧者を社会の敵にする政策を進めていく。

1980年代のサッチャー政権は、英国経済を脅かす悪魔は労働組合であると設定し、ネガティブ・キャンペーンを続けたが、1990年代のメイジャー政権では、それは国からの手当を受給して生活している層になっていた。

メイジャー首相は人気のないリーダーとして有名だったが、それでも1992年の総選挙で労働党は勝てなかった。なぜなら、「反保守党政権」ばかりを叫び、自分たちが政権を握ったら何をしたいのかを明確に打ち出せない労働党は、それ以上に不人気だったからである。

しかし、1994年にジョン・スミス労働党党首が心不全で急死し、当時41歳のトニー・ブレアが党首に選ばれると、風向きが一変する。1997年の総選挙で圧倒的な大勝利をおさめて、18年におよんだ保守党政権を終わらせた労働党は、階級はもう時代遅れのコンセプトであり、国民総中流時代がやってきたのだと人々に信じ込ませようとした。

このような考え方に基づく政治では、経済的不平等に取り組む政策ではなく、最貧困層の救済を行なうことになる。つまり、不平等を根絶することより、貧困を軽減することに重きが置かれる。

こうしてメイジャー政権が「政府に金をせびる人々」と見なしていた層は、ブレア政権では「助けが必要な可哀そうな人々」にスライドしたが、どちらの考え方においても、貧しい人々は社会の主流には属さないアウトサイダーだと見なされている点では同じだった。

再生戦略と、貧困層の社会的排除——分断のはじまり

トニー・ブレアは、サッチャー元首相に「彼が一番できのいい私の息子」と呼ばれた新自由主義者だった。彼はこれまでの労働党指導者とはまったく異なり、自由市場の重要性を熱心に信じていた。それが平等主義とどうやって共存できるのかは、労働党内でも疑問の声が上がっていたが、ブレアの信念は「貧しい人々や失業者の態度と行動を変えることができれば貧困はなくなる」というもので、そのことによって社会はより平等な場所になる、という

考えだった。これが彼の提唱する「第三の道」だったのである。

それゆえ、彼の労働党は、最貧困のコミュニティを対象にして、職業訓練、生涯教育、コミュニティセンターの充実などの再生戦略を大々的に打ち出した。また、幼児教育にも力を入れ、就学時での児童の発育格差が縮小できるように、貧困地域で包括的な保育サービスを行なうチルドレンズ・センターをつくるなど、最も貧しい家庭への支援を行なった。

教育や医療といった公共サービスへの投資を拡大する従来の労働党政権の方針を受け継ぎながら、自由市場重視の政策で富裕層や金融業界からも歓迎されたブレア政権は、「ニュー・レイバー（新たな労働党）」と自らを呼び、非常に高い支持率を誇った。

しかし、自由市場の味方であるブレア政権は、雇用の創出が貧困問題の解決に繋がるとは考えなかった。ニュー・レイバーの考え方は、失業者は雇用されるだけの技能や知識がないから失業しているのだというもので、これはサッチャー政権の自己責任文化とそれほど乖離した考え方ではなかった。労働組合とも距離を保ち、「労働党が組合との関係を強化することは後退的な考え方だ」というのがニュー・レイバーの主張だったので、彼らが取り組んだのは、雇用主の態度や行動を取り締まることではなく、雇用可能な人材の創出であり、それは、失業者たちの教育やモチベーションの改善なのだった。

すでに1997年の調査で、家族全員無職の家庭で生活している就労年齢の人々の数が450万人に達し、6人に1人が国の給付金で生活していることが明らかになり、これは西ヨーロッパの国々で最も高い数字になっていた。

新たな労働党が、末端の人々の側につく政党でなくなったことは、ブレア政権が「アンダークラス」対策に乗り出し、「反社会的行動禁止命令」のような、人権を無視した政策をとったことからも明らかだった。

社会的排除対策の一環と呼ばれたこの禁止命令は、困窮した地域で問題行動を起こしがちな人々が外出することを禁止したり、特定の地域に立ち入ることを禁止するものだった。実際に荒廃をきわめていた貧困区では、近隣に住む反社会的行動をとりがちな不良たちの行動が限定されたことで、胸を撫《な》でおろした地域住民も多かったが、この禁止命令は社会的排除を緩和するどころか、よけいに強めることになった。彼らは貧乏でダサい「チャヴ」と呼ばれ、差別される対象になる。

これによって、この命令が適用された若者たちは、街の中心部に立ち入ることを禁止されてしまったので、都市圏の中でもっとも私有化が進み、文化的にも商業的にも繁栄している場所から排除されてしまった。実業家や消費を楽しむ裕福な層の要望に応えるために、貧しい労働者階級の若者たちが、雇用の機会や新しい文化が溢れている場所から追い出されたのである。

ニュー・レイバーは、社会の分断は勤勉な消費者と雇用不可能な失業者の間で起きると考えていたが、真の分断は、都市の中心部を私有し、そこでの消費を楽しめる裕福な人々と、そこから排除された、地方の貧しい人々の間で深刻化していった。

この分断がどれほど深刻なものになったかは、ブレア政権発足から20年後に行なわれたEU離脱をめぐる国民投票の結果で明らかになったが、1990年代の終わりにはそれはすでにはじまっていた。

◆雇用の流動化

契約社員の増加、失われる生活の安定

1990年代に行なわれた社会学者のスティーヴン・ジェンキンズの調査で、英国の家庭の多くの人々が人生の一部で貧困を経験したことがあり、その主な原因は失業によるものだとわかった。新自由主義の競争の中で生きる人々には、もはや雇用は、人々の生活に安定を

与えるものではなくなっていた。

トニー・ブレアは、「知識に基づいたサービス型の経済」を提唱した。それは、国が規制しない自由な雇用市場で、人々が1か所の職場に留まるのではなく、新たなスキルや知識を学んで、キャリアを変えたり、起業したり、自由に移動できる機会を与える経済のことだった。

こうした経済は、より良い明日を目指した希望の経済だというのが、ニュー・レイバーの主張だった。1997年の総選挙で大勝したときの労働党のテーマソングが、「Things Can Only Get Better（物事は良くなるだけさ）」（ハワード・ジョーンズ）だったことに、それは要約されていた。

「契約社員」という言葉が盛んに聞かれ始めたのも、ブレアの時代だった。ITなどの分野では「6か月契約」「1年契約」で働く高スキルの勤労者が増大し、これらの人々の報酬は正社員よりもずっと高いのがふつうで、能力のある人は契約社員として働くという風潮も生まれた。

しかし、こうした雇用形態は、キャリアで成功している人々が、時には不安を伴うリスクを取り続けながら生きていかなければならなくなったことも意味していた。家を買うこともギャンブルになった。不確実な労働市場では、人々の生活は常にリスクと隣り合わせなのだ。

2000年までには70パーセントを超える労働者が、肉体労働ではない仕事に就いていた。セールスや、オフィスでのデータ入力などの仕事に就いている人々も多かったが、新たな「ワーキング・クラス・ジョブ」と呼ばれたのは、コールセンターの仕事だった。

大企業のコールセンターは、オフィスの賃貸料や従業員の賃金が高いロンドン周辺の南部ではなく、北部につくられることが多かった。こうしたコールセンターでは、昔なら工場の製造ラインで働いていた労働者階級の若者が多く雇われていた。

しかし、2000年代になると、こうしたコールセンターが、インドなどのさらに低コストで運営できる海外に移転したため、北部の街に再び失業の時代がやってくる。

公共サービスの解体

ブレア政権は1998年に最低賃金を導入したが、この後、英国で増えたのは、パートタイムの仕事ばかりだったので、人々は自立して生計を立てられるだけの収入を得ることに、ますます困難さを感じるようになっていった。ブレアの時代は失業率は下がったが、それは必ずしも、みんながまんべんなく食べていける時代ではなかった。

２００２年、ブレア政権は公共セクターの雇用体系を改革する。仕事にフレキシビリティーを与えて、給与の支払いを出来高制に変更したのだ。終身雇用や固定給、昇進構造は、生産性を妨げる過去の悪しき遺産だと見なされるようになった。

公共サービスが成功をおさめるには、雇用形態をフレキシブルにして、給与制度もそれに見合った実力主義のインセンティブ制にする必要があるとブレアは主張した。その一方で、ブレアは、１９４５年発足のアトリー政権が打ち立てたＮＨＳ（国民保健サービス）の民営化に着手し、清掃や賄《まかな》いなどの分野を外注業者に任せるようになる。労働党政権の遺産を解体し始めたのは、皮肉にも労働党だったのである。

保守党のジョン・メイジャー首相が１９９６年に導入した待機雇用契約と呼ばれる雇用形態は、事実上のゼロ時間雇用契約であり、雇用主が必要とするときだけ雇用され、仕事がないときには待機させられるという、被雇用者にとっては非常に不利な契約形態だが、２０００年代に入ると、この形での契約も増えていく。雇用主だけでなく、政治家たちも、このような流動的雇用形態は、英国がグローバルな労働市場で勝利するためには必要なのだという態度を崩さなかった。

国民をだますような形でイラク戦争に参戦し、米国のＪ．Ｗ．ブッシュ大統領に全面的に協力したことで人々の信頼を失ったブレア首相は、2007年に首相を辞任。ゴードン・ブラウンが首相になった。ブレア政権で発足当時から財務大臣を務めたブラウン首相は、2008年のリーマン・ショックによる金融不安で、すばやく公的資金を注入するなどして国の内外で賞賛を集めたが、2009年には英国に景気後退が訪れ、2010年の総選挙では政権を保守党に奪われる。

こうして保守党のデイヴィッド・キャメロン首相とジョージ・オズボーン財務大臣による「危険な緊縮の時代」が幕を開けたのである。

◆デイヴィッド・キャメロンとジョージ・オズボーンの時代

強まる貧困層への怒りと締め付け

2009年の景気後退は、2008年に始まった金融危機の影響であり、その責任の一端は、支配者層を構成する人々にあった。

しかし、2010年に政権を握った保守党は、経済危機は1997年から政権を握ってきた労働党政治のせいだと主張した。

「(労働党政権は）景気のいい時代に浪費しすぎた」と保守党のオズボーン財相は言った。英国経済の再生は、赤字が膨らんだ財政の再建を最優先課題とし、歳出削減を進めない限り不可能であると保守党政権は主張した。

保守党と自由民主党の連立政権発足後、数週間のうちに、オズボーン財相は「緊急予算」を発表した。すでに労働党のブラウン政権も行なっていた増税と歳出削減では足りないとして、保守党はさらなる400億ポンドの削減を行なうと宣言し、大幅な福祉削減と公務員賃上げの凍結、付加価値税率の引き上げを発表した。こうして戦後最大規模と言われる緊縮財政の時代がはじまったのである。

一方、キャメロン首相は「ブロークン・ブリテン」を修復すると高らかに謳った。「壊れてしまった英国」とは、荒《すさ》んだ下層社会を象徴する言葉として使われていた。勤労せず、福祉の世話になって生活しているアンダークラスの人々が、飲酒・ドラッグ問題、10代の妊娠、ナイフ犯罪などの社会問題を生み出し、英国からモラルを失わせてしまったのだと彼は言った。

サッチャー政権以降、特に英国北部で増えてしまったアンダークラスについて、ここまで露骨なことは言わなかったにせよ、ブレア元首相も同様のスタンスはとっていた。しかし、ブレアの場合は、荒れた地域に投資して福祉や教育を充実させて、排除された下層の人々を社会に包摂しようとしたが、保守党は真逆の方策を取った。福祉を切り、または大幅に削減することによって、アンダークラスを締め付け、仕事に復帰させようとしたのである。

「SCROUNGER（スクラウンジャー＝たかり屋）」という言葉が流行したのも、保守党が政権についてからだ。高級紙もタブロイドも、この言葉を見出しに掲げて、失業保険や生活保護の不正受給を行なっている人々を取り上げて、センセーショナルに報じた。

「勤労せずに14人の子どもを育てたアンダークラス夫婦」「生活保護で豊胸手術を受けたシングルマザー」といった報道が連日行なわれるなかで、社会保障費削減は、2万ポンド未満の年収の家庭に大きな打撃を与えていた。

2013年には、フードバンクの利用者が前年比で300％になるという衝撃的な調査結果も出た。

金融危機による景気後退と緊縮財政のダブルパンチで、労働者階級の暮らしはますます厳しくなった。ワーキングプアは「スクラウンジャー」への怒りを膨らませ、貧者の分断が進んでいく。

チャヴ暴動――経済的不公正への若者の怒り

また、中流階級の人々も、景気後退の中で職を失うことを恐れ、精神的な安定を欠く生活を強いられていた。２０１１年の調査結果では、勤労者たちの欠勤の理由で最も高かったのは「ストレス、抑うつ、不安」であり、うつ病のような精神的不調を訴える勤労者が急増したことを雇用主たちが報告していた。

政治家たちが南欧やカリブの国々にバカンスに出かけた２０１１年の夏、人々の不満と怒りが英国のストリートで暴発する。世界的にも大きく報道されたロンドン暴動の発端は、トッテナムで警官に黒人男性が撃たれたことだったが、それがバーミンガム、マンチェスター、ノッティンガム、ブリストル、リヴァプールなど全国各地に飛び火した頃には、白人の労働者階級の若者が多く参加していたことから、「チャヴ暴動」と呼ばれるようになった。

これは保守党政権にとっては、アンダークラス叩きの恰好の材料になった。キャメロン首相は、まるで「テロとの戦い」のように、「ギャングとの戦い」を宣言し、情け容赦《ようしゃ》なく刑務所行きの刑事罰を適用して、地方の貧しい地域に住むアンダークラスの若者たちを取り締まる。

若者たちが商店街に火をつけ、高価な電化製品やスニーカーを盗み出した暴動は、「理念なき盗っ人たちの単なる犯罪行為だった」と言われたが、それこそがまさに「どうして自分たちには国の繁栄の分け前が与えられないのだ」と怒る若者たちの、経済的不公正を訴えた蜂起だった。

オーウェン・ジョーンズが著書『チャヴ　弱者を敵視する社会』で書いているように、「チャヴ」は白人労働者階級の同義語として使われてきた。それは「安っぽい」「犯罪者」「荒廃したモラル」「低学歴」「失業」「スクラウンジャー」などの言葉と結び付けて使用されるネガティブな差別語である。

２００８年にＢＢＣが放送した『White』シーズン（＊白人労働者階級が社会的に周縁化されているのではないかということを探るシリーズ。全６回で第３話はドラマ、それ以外はドキュメンタリーだった）でも、その一連のドラマやドキュメンタリー番組は、白人労働者階級を、退行的で、偏屈で、人種に拘《こだわ》る「遅れた人たち」として描いていた。ジョーンズが同著で指摘しているように、ポスト・サッチャー期の英国では、白人労働者階級について語ることは一種のタブーになっていたが、21世紀に入ると急に（悪い意味で）脚光を浴びることになる。

政治的支配者層にとって、「階級」は引き続き禁句だった（なにしろ、ブレア政権は「いまや英国はみな中流層」と言っていたのだから）から、社会の不平等について語るときに基準になるのは「人種」だった。

こうした風潮の中で、それまでは「労働者階級」として使われていた言葉にも、いつの間にか「白人」という言葉が冒頭につくようになっていた。同じ労働者階級でも、黒人や中東人、アジア人は「チャヴ」ではないという区別をつけたのである。

つまり、それまでは人種とは関係のない一つのグループとして括られていた「労働者階級」が、「白人」という狭い括りをもって限定されたのである。

オーウェン・ジョーンズが指摘するとおり、それは、「白人」であれば人種的にはマイノリティではないので、「差別」や「平等」を考えるときにスルーしても構わないと見なされ、社会のスケープゴートにしても批判されないという支配階級にとっての利点があった。

別の言葉でいえば、90年代以降、歴代政権は、階級の問題を人種の問題にすり替えて、人々の目を格差の固定と拡大の問題から逸《そ》らすことに成功してきたのだ。これは経済的不平等の問題に取り組みたくない政治家たちによるシステマティックな戦略でもあった。

このような戦略が、どんな皮肉な結果に結びついたかということは、２０１６年のＥＵ離脱をめぐる国民投票の結果を見れば明らかだろう。

「人種」の概念による労働者の分断

国民投票でEU離脱派を率いた右翼政党の英国独立党（UKIP）は、2014年の欧州議会議員選挙で、保守党と労働党を抜いて第一党になり、英国社会を震撼させた。2015年の総選挙では1議席しか取れず、勢いはおさまったと言われたが、英国の選挙が比例代表制だったら、83議席を獲得して第三党になっていたという説もある。

UKIPは、主流派の政党から「スルーしてもかまわない者たち」として見放されてきた白人労働者階級の心を掴んだ。UKIPは彼らを「社会のガン」と見なさず、ガンは別にいると言ってみせたからである。

UKIPは、白人労働者階級が主流派の政党から悪魔化されたように、移民を悪魔化してみせた。彼らにかかれば、移民は（それでなくとも緊縮財政で縮小されていく）医療サービスや学校をパンクさせ、（雇用主の強欲や組合の弱体化がそもそもの理由だが）労働者の賃金を低下させ、（それでなくとも民間に売却されている）公営住宅を不足させる悪の元凶なのだった。

このことは、政治家や雇用主、ジャーナリストにも責任の一端があるとセリーナ・トッドは書いている。エセックス州バジルドンの労働者階級の人々を対象として行なわれた、興味深い調査結果がある。彼らは、１９９２年と１９９７年に、移民に関するまったく同じ質問に答えている。１９９２年には、３分の１の人々が、移民は制限されるべきと答えたが、１９９７年には５分の１を下回る数になり、４分の３以上の人々が、反人種差別法制は必要だと答えている。

これは、移民への関心が高まったと言うより、むしろ逆で、移民問題への政治的興味が薄まり、ニュースとしての話題性も低下していたからだとトッドは指摘する。１９９７年発足のブレア政権は、失業と教育をマニフェストの２本柱にしていたので、政治的にも移民問題は重要な事柄ではなかった。

ところが、２０００年代に入ると、人種が再び政治的な議論の場に上るようになってくる。これは、社会における経済的不平等や格差拡大をもたらしているのは政治なのだという事実に、人々が気づかないようにするための政治的戦略だったというのが、トッドとジョーンズの共通した見解である。

「白人」労働者階級もまた、その動きの中で意図的にクローズアップされた「人種」問題だったのである。労働者階級が、人種を超えて繋がり、同じ立場の者たちとして経済的不平等を訴えたり、自分たちの権利を求めて闘えなくなったのは、ほかでもない「人種」の概念で意図的に分断されてしまったからなのだ。

◆首相交代と、終わらない緊縮……一転、反緊縮主義の広がり

メイ政権も、労働者より富裕層重視

2016年のEU離脱をめぐる国民投票で離脱派が勝利した後、「緊縮コンビ」と呼ばれたキャメロン首相とオズボーン財相は責任を取って辞任した。

すったもんだの末に、火中の栗を拾って首相の座についたのはテリーザ・メイ首相だったが、彼女は「究極のプラグマティスト」と呼ばれてきた政治家であり、「メイ・ドクトリンとは日和見《ひよりみ》主義のこと」と言われるほど、過去の政治的スタンスや発言を見ても、何がしたいのかよくわからない。

これといった強いイデオロギーは持っていない政治家だから、ちょっと世間から批判を受けるとUターンしてスタンスを変える。その点では、よく比較されるマーガレット・サッチャーとはまるで違う。

メイ首相は政権を握ったとき、

「いま必要なのは、国の繁栄をもっと多くの人々に分配できるような経済改革なのです」と宣言し、経済の再分配を優先課題にすると言った。

この発言は、ＥＵ離脱の国民投票で離脱の票を投じた人が多かった白人労働者階級の人々の怒りを鎮《しず》めるものとして評価された。

緊縮に対しては穏健派の考えを持っていたフィリップ・ハモンドを財務相に据えたことも、緊縮の手を緩めて国内の経済の安定を最優先にしようとする彼女の方針の表れだといわれていた。

しかし、２０１７年3月にハモンド財務相が発表した新年度予算案では、緊縮路線は相変わらず変わっておらず、逆に、締め付けは、末端の自営業者にも向けられることが明らかになった。

保守党政権は、２０１０年に緊縮財政に舵を切って以来、失業者たちにゼロ時間雇用契約を結ばせるか、自営業者にさせるかを選ばせて、失業率を減らしてきた。

失業保険事務所で失業者に起業を勧め、英国版『マネーの虎』である『Dragons' Den』のビデオを見せるセミナーに出席させるなどし、職を失った人間になけなしの貯金をはたかせて起業を強制しているというスクープ記事が、２０１４年にはすでに『ガーディアン』紙に掲載されていた。

そのようにして自営業を始めさせられた人々が、今度は社会保険負担の増額などで締め付けられると聞けば、低所得層の自営業者たちの怒りは当然のことだろう。

結局メイ政権は、党内外から凄まじいバッシングを受けて、予算案を発表して1週間後に、自営業者の社会保険負担増額案を撤回した。

しかしこのことで、メイ首相が、従来の保守党の伝統的な支持者たち、すなわち裕福な層が望んでいる緊縮財政を続けながら、「すべての人々のための経済を」「階級に流動性を」というリップサービスを労働者階級向けに行なっていることが明らかになった。

メイ首相とハモンド財務相も、「国民のために」「英国の利益のために」と内向きの言葉を発しながら、じつは、キャメロン首相とオズボーン財務相と同じように、国の役割を縮小してグローバル企業に市場を任せる政策を取り続けている。

ジェレミー・コービンの登場と「反緊縮」主義の広がり――2017年総選挙で起こったこと

一方、労働党は、「希望の政治」を掲げて2015年に党首の座についたジェレミー・コービンが、いっこうに党内をまとめることができず、党内議員たちのクーデターが起こり、

ＥＵ離脱という一大事で国が揺れている時に、自分たちの党内が一番揺れているという体たらくで、世論調査での支持率が戦後最低という事態に追い込まれていた。

反緊縮を鮮明に打ち出し、「21世紀のケインジアン」とも呼ばれたコービンの大胆な経済政策は、オーウェン・ジョーンズやセリーナ・トッドをはじめとする英国の若手左派論客たちに拍手で迎えられ、彼らはコービンの熱心な支持者・協力者になった。

コービンの政策や人柄に惹かれて労働党に入党する人々が激増し、彼が党首になってから党員数は2倍以上に膨れ上がったが、逆に労働党議員たちのほとんどは、コービンを時代遅れの強硬左翼と見なし、彼では絶対に選挙には勝てないと考え、その退任を願っていた。

だから、メイ首相が、今後のブレグジット交渉における党内外での自分の立場を盤石《ばんじゃく》にするため、２０１７年6月に解散総選挙を行なうと発表したときにも、「労働党は惨敗するだろう」というのが党内外の人々の大方の見方だった。

しかし、ここで何かが起こった。

それまでは、若者や一部の社会運動に熱心な人々に支持されてきた「反緊縮」の概念が、「未来への投資」「投資する政治」という、よりニュートラルな言葉遣いでわかりやすくなった労働党マニフェストのスローガンによって、一般の人々に広がっていったのだ。

そしてブレグジットのみに焦点を絞り、認知症税などの緊縮策をマニフェストに織り込んでいた保守党が空回りしている間に、労働党が躍進して、与党がまさかの過半数割れを起こすという事態になったのである。

メイ首相は、選挙結果を知ったとき「泣いた」と告白しているが、彼女を泣かせたのは、彼女の口ばかりの「労働者のための経済」の約束で騙《だま》され、裏切られ続けてきた労働者階級の人々だったろう。英国の労働者階級は、黙っていつまでも我慢する人たちではないのだ。

コービンが生涯の師と慕《した》った故トニー・ベンは、1980年代の労働党の左派議員たちにとって、ヒーロー的存在だった。彼の家で行なわれていた勉強会に招かれることは、労働党の若い議員たちにとって夢だったらしい。

ところが、そんなトニー・ベンが選んだのは、おとなしくてまったく目立たないコービンだったので、若手議員たちは嫉妬するというより首をひねったらしいが、カリスマティックな指導者だったトニー・ベンは、地味なコービンの中に何かを見ていたに違いない。

ベンは、1970年代にオイルショックの混乱の中で労働党が政権を握ったとき、「危機的な経済状況にあるからこそ、進歩的な政策を取り、緊縮で雇用を削減するのではなく、むしろ雇用創出を行なえ」と言った。

１９７６年に労働党政権がＩＭＦから出された緊縮財政を行なうという条件を飲み、英国の財政破綻を宣言したときにも、ベンは「それは国際資本が自分たちに都合のよくない政権を潰そうとするときに使う罠《わな》だ」と言って猛烈に反対した。

彼は晩年まで、反緊縮団体「ピープルズ・アセンブリー」で活動し、ギリシャの行方を案じていたのだ。２００７年に行なわれたＢＢＣ２の政治報道番組『デイリー・ポリティクス』の「ポリティカル・ヒーロー」投票で、サッチャーを抜いて１位に選ばれたベンは、亡くなるまで「ＥＵはもはや帝国であり、帝国にデモクラシーはない」と言い続けた、ＥＵ懐疑派でもあった。

ベンの直系の弟子であるコービンの反緊縮主義は、いま、政治のトレンドだからとか、そうした理由で政治家が飛びついたアイデアとは違う。亡き師匠から託された、生涯拠って立つ政治理念なのだ。

１９８３年のサッチャー政権の時代から国会議員を続けてきたコービンが、いまになって労働党党首になったことは、何か歴史的な意味があるような気がしてならない。

「EU離脱」の背景にあったもの——欧州全体での反緊縮の動き

一方、トニー・ベンと共に80年代を代表する労働党左派議員だったスチュアート・ホランドは、90年代にジャック・ドロールに引き抜かれ、EUの仕事に関わっていくことになるが、内側からも外側からもEUを知る彼だからこそ、「ドイツは20世紀に二度、ヨーロッパを破壊しそうになったが、21世紀は緊縮財政の押し付けで同じことをしようとしている」と警告を発している。

経済学者でもあるホランドは、ギリシャの元財務相ヤニス・ヴァルファキスと共に、「A Modest Proposal for Resolving the Eurozone Crisis（ユーロ圏危機を解決するための穏健なる提案）」というEUへの政策提案書を書き、その提案書はヴァルファキスが設立した、2025年までに欧州のデモクラシーを実現するための反緊縮組織DiEM25（Democracy in Europe Movement 2025）の基本理念にもなっている（同組織のアドバイザリー・ボードには、ジュリアン・アサンジ、スラヴォイ・ジジェク、ケン・ローチなどが名を連ねている）。

EUへの提案書「A Modest Proposal for Resolving the Eurozone Crisis」は、ドイツ主導のEUの緊縮財政推進の危険さを警告しており、「社会的危機」の項には、「緊縮財政が欧州の人々に致命的な影響を及ぼしている」「2世代の歴史で初めて、欧州の人々は欧州統合プロジェクトに疑問を抱き、ナショナリズムや、ナチのような政党でさえ、勢力を伸ばしている」と書かれており、緊縮財政が欧州の右傾化を招いていることを明確に指摘している。

そんなわけで、２０１６年のＥＵ離脱投票の後、わたしも離脱派の勝利の背景には緊縮財政があると書いたのだったが、日本の多くの人々は、「欧州の危険な右傾化」と「ポピュリズムの台頭」が原因であるというところで止まってしまい、「緊縮が理由などと書くのは、右傾化した労働者階級を擁護することになり、レイシスト的だ」と苦情のメールも来た。

しかし、それまでは気にならなかった他者を人々が急に排外し始めるときには、そういう気分にさせてしまう環境があるのであり、右傾化とポピュリズムの台頭を嘆き、労働者たちを愚民と批判するだけではなく、その現象の要因となっている環境を改善しないことには、それを止めることはできない。

こうして英国の労働者階級の歴史を100年前から振り返るだけでも、どういうときに彼らが排外主義的になったり、それがおさまったりするのかがわかるし、コービン（とその師、トニー・ベン）やホランドなど、サッチャーの緊縮政治に強固に異を唱えていた政治家たちが、再び時代のキーパーソンとして浮上してきている構図も見えてくる。

歴史には、現在につながる伏線が必ずあるのだ。

労働者階級を再定義する必要性

過去100年間を振り返ると、労働者階級がエスタブリッシュメントを本当の意味で震撼させたことが3回あった。1926年のゼネラルストライキと、1945年のピープルズ・レボリューション、そして1960年から1970年代前半にかけて一気に起きた社会運動である。

そしておそらく、将来的には、2016年のEU離脱投票が、それに加わるものとして語られることになるのだと思う。

労働者がポピュリストに扇動された結果だ、とか、排外主義に走った愚かな労働者階級の愚行だ、とか、その行動や思想の是非はあるにしろ、それが「労働者階級がエスタブリッシュメントを本気でビビらせた出来事」の一つだったことは誰にも否定できないと思う。

EU離脱投票の結果を知った朝、わたしが一番最初に思ったのは、「この国の人たちは本当にやってしまう人たちなのだ」ということだった。いいにしろ、悪いにしろ、英国の労働者階級は黙って我慢するような人たちじゃない。必ず反撃の一手に出る。ものすごい暴挙でも、大それたことでも、彼らを怒らせたら、本当にやってしまう。

思えば、労働者階級という言葉は、古めかしい過去の遺産になりつつあった。それが21世紀のいま、再び人々の口にのぼるようになっている。これも悪名高きEU離脱投票のせいだ。だが、それが過去20年間のような「白人労働者階級」という狭義の意味づけに収斂《しゅうれん》されたら、彼らはもはや、良い方向に社会を変える力にはなり得ないだろう。

１９４５年の市井の人々は、「既得権益者」のためにではなく、「地に足のついた人々」のために立ち上がり、イデオロギーではなく、衣食住と仕事という自分たちに必要なものを自分たちの手で勝ち取った。その「地に足のついた人々」に「白人」などという人種の定義が**つけられていた**のはおかしいのであり、その定義が**つけられる**ことによって、人数や勢力が減殺されることや、不要な分裂・分断を生むことがあってはならないのだ。

おそらく、いま英国に住むわたしたちは、もう一度、労働者階級の意味を再定義するときに来ているのだと思う。地べたに足をついて暮らしているすべての人間として、それを定義し、人種も性別も性的指向も関係なく、自分たちに足りないものや不当に奪われているものを勝ち取らねばならない時代が来ているのだ。

労働者の歴史に見る未来

通信労働者組合CWUの総書記、ビリー・ヘイズはこう言ったことがある。

「真の労働者階級は本来白人で、教育が不十分、富に対する野心を持っていて、偏見を抱き、思い込みが激しい」

組合の代表者が労働者階級についてこんな発言をする時代だ。オーウェン・ジョーンズ著『チャヴ　弱者を敵視する社会』中の言葉を借りれば、反人種差別主義者やリベラルによる白人労働者階級バッシングは、「チャヴ・ヘイト」にほかならず、「民族的マイノリティの保護を理由に、ねじれた論理でチャヴ・バッシングを正当化した」のである。

このリベラルな偏見による差別の罪は、本来は経済政策の欠陥によって生み出された問題を、別の問題にすり替えてしまったことだ。

ジョーンズはこうも書いている。

「リベラルなチャヴ・ヘイターたちは、白人労働者階級を、『社会階級』ではなく『民族』としてとらえ、社会問題を、経済的要因ではなく文化的要因のせいにする。『問題があるのは彼らの生き方であって、社会の不平等な構造ではない。白人労働者階級が抑圧されているとしたら、それは本人が無能だから』というわけだ。民族的マイノリティに対する差別が、失業や貧困、さらには暴力などの問題の原因になっていることを認める一方で、白人労働者階級の人々については同じことが当てはまらないと考えるのだ」

労働者階級を民族問題から解放せねばならない。「白人」という枕詞《まくらことば》をつけさせ続けてはいけないのだ。すべての人々を結びつけ、立ち上がらせることができるのは、人種問題ではなく、経済問題だからだ。

20世紀の英国の労働者階級の人々は、自分たちの利益や権利を求め、それを守るために連帯し、自分たちの声を聞けと主張し、闘い、ときに政権や支配者たちをビビりあがらせた。彼らはやるときにはやってしまう人たちなのだ。それはいまでも変わらない。

それなのに、その力が殺がれたり、よからぬ方向に歪《ゆが》められているとすれば、それは富や権力の不公平な分配という経済の問題によって生じる社会のひずみが、あまりにも長い間、文化的な問題だと思い込まされてきたからだ。

現代は19世紀のように、労働者の影響力はないも同然で、裕福な支配者層同士の、いわばエスタブリッシュメント層内部での争いだけが社会を左右しているといわれる。

ならば、労働者たちは、100年前の労働者階級の人々のように、その声を聞かせる歴史を再びはじめる時期に来ているのだ。

真っ赤な口紅を塗ってブラック労働に中指を突き立てた召使いたちのように、人間らしい暮らしと扱いを求めてストライキを打った炭鉱労働者たちのように、住宅不足と家賃上昇に腹を立てて一斉に家賃を払わなくなった人々のように。

我々の未来が100年前にあったかもしれない。

あとがき

まえがきで、自分の配偶者やその友人たち、ご近所の人々のことを理解するために、英国労働者階級について勉強することにしたとわたしは書いた。彼らはみな英国人であり、そのほとんどが、２０１６年のＥＵ離脱に関する国民投票で離脱に投票していた。

一方で、わたしには彼らとは違う出自の友人たちもいる。こちらの友人たちは、配偶者とは関係のないところで、わたしがこの国に来て、働き、育児をし、ボランティア活動をしたりする中でできた、いわばわたし自身の友人たちだ。で、こっちの友人はほとんどが移民である。

自分が移民だということもあり、やはり移民同士のほうが気心が知れるというか、社会における立場が同じであるためか、抱えている問題や悩みも似ていて、わたしが仲良くしている友人たちは、イランやブラジル、デンマークなど様々な国から来ている移民労働者ばかりだ。

こちらのほうの友人たちは、外国籍のため、EU離脱の投票権はなかったが、漏《も》れなく全員が残留派だった。それはそうだろう。排外的なムードになっていく国で暮らしたいと思う移民は、ふつうはまあいないからである。

当然ながら、こちらの友人たちは、みなEU離脱投票の結果に憤ったり、激しく失望したり、EU国から来た人は真剣に今後の自分の身の振り方を心配していた。わたしの配偶者やその友人たち、近所の人々は、ほぼ全員が離脱票を入れていたと言うと、彼女たちは一様に驚いた。みんなわたしの配偶者や近所の人々を個人的に知っているからである。

わたしの配偶者も近所の人々も、彼女たちには親切だった。困っていることがあると助けたし、彼女たちにしても彼らから嫌な思いをさせられたことなど一度もなかったので、彼らが離脱票を入れていたのは衝撃だったのだ。

だから、EU離脱の国民投票の結果が出て以来、

「英国人は信用できない」

が、彼女たちの口癖《くちぐせ》になった。

「外国人にやさしい排外主義者もいる」

「自分には移民の友人が大勢いる、というのはレイシストが自己弁護するときの常套句だ」

といったことが、移民や残留派の間で一般的に語られるようになったのは、この頃である。

ＥＵ離脱の国民投票が「パンドラの箱」だったといわれるのはそのせいだ。それまでは、日常レベルで他者に対して寛容で、親切で、常にウエルカムだったように見えた人々が、心の底で何を考えていたかということが明らかになったからだ。

本心は包み隠さず白昼に晒《さら》したほうがいいし、寝た子は起こしたほうがいいという人々もいる。

だが、ポリティカル・コレクトネスというのが、他者に嫌な思いをさせたり、傷つけたり、苦しめたりしないように、心の底に誰もが持っている様々な方向性の差別的な気持ち（欠片《かけら》も持っていないという人は、稀《まれ》に見る素晴らしい資質を持って生まれた、またはそのように教育された幸運な人だろう）を表に出さないように努力して、より洗練された方法で他者と触れ合うための作法だとすれば、ＥＵ離脱の国民投票ほどポリティカル・コレクトネスに反するものもなかった。

わざわざキャメロン元首相が（しかも支持率を上げて選挙で勝つための材料として）パンドラの箱を開けるまでは、わたしの両側の友人たちは、何の問題もなくうまくいっていたからである。

キャメロンの名は「余計なことをした首相」として歴史に記憶されることになるだろう、とメディアや知識人たちがこぞって批判したのはそのせいだ。


パンドラの箱から飛び出したいろいろなものと、地べたで生きるわたしたちは日々向き合っていかなければいけない。英国で生きる我々にとって、これは討論番組のネタでも、ツイッターでの政治談議でもない。毎日の生活なのである。ご近所づき合い、ママ友づき合いであり、職場での人間関係であり、配偶者との結婚生活なのだ。

末端で生活していれば、分断を緩和するには、お互いがお互いに歩み寄る努力しかないと思うし、その確信は強まるばかりだ。

わたしは移民の立場だから、移民の気持ちはよくわかるし、彼らの不安や失望、怒りもわかる。わたしは彼らの一人であり、利害も心情も一致するからこそ移民の友人が多いのだから。だが、わたしたちが、わたしたちの立場から、わたしたちが望むことを一方的に、声高に訴えていくだけでは、この分断は乗り越えられない。

わたしたちが「もう少し移民の立場に立って考えてみてください」と英国労働者階級の

人々に要求するように、わたしたちも彼らが社会において置かれている立場について学び、理解しようと努めなくてはならないときが来ているのではないだろうか。互いを糾弾し合うだけでは、現在の分断はぜったいに縮まらない。そして彼らについて学べば、彼らが離脱を求めた理由の背後には（本人たちが明確に意識していたかどうかは別にせよ）経済的不平等の問題がとぐろを巻いていたことがわかるし、労働者階級の人々もまた、長い盛衰の歴史の果てにいつしか「白人」という狭義の枕詞をつけられ、理不尽な社会的排除の対象になっていたのだということがわかるのだ。

そしてこの「わかったこと」にこそ、きっと分断突破の黄金の鍵が隠されている。なぜなら、100年前からそうであったように、我々はより良い生活を求めて共に闘っていくべき同じ階級の人間たちなのだ。わたしたちは為政者の思惑に踊らされて、互いを敵にしてはいけないのである。

英国を代表するミュージシャンの一人であり、リベラルを代表する論客の一人でもあるブライアン・イーノは、日本の音楽雑誌、『ele-king 19号』のインタビューでこう話している。

「私たちは本当に、もうちょっとこう、他者の立場になって考えてみる、異なる意見を持つ人間に感情移入してみる必要があるんじゃないか、そう思うね（笑）。彼らみたいな連中を『人種差別主義者』だの『性差別者』云々のバカげた呼び名で撥《は》ねつけるのではなくて、彼らのような存在に注意を払いはじめるべきではないか、と。だから、『彼らにだって、立派に怒る権利がある』という点、そこを我々も考えはじめなくてはいけない、ということだね。というのも、彼らは現状のシステムに裏切られた側の人びとなわけだから」

これは、英国で分断の時代をリアルに生きる者たちが、いま肌感覚で身につけることを余儀なくされている生きる知恵だ。

そして「他者の立場になって考えてみる、異なる意見を持つ人間に感情移入してみる」努力ができるということこそが、想像力という知性を持つ人間の特性なのだ。

そもそも、ＥＵ離脱を招いた「政治と地べたの乖離」が、その知性の欠如に端を発していたことを思えば、わたしたちはそのことを再び思い起こす時代に来ているのだと思う。

２０１７年９月　ブレイディみかこ

ブレイディみかこ
1965年福岡市生まれ。保育士・ライター・コラムニスト。'96年から英国ブライトン在住。著書に『花の命はノー・フューチャー』(ちくま文庫)、『アナキズム・イン・ザ・UK——壊れた英国とパンク保育士奮闘記』『ザ・レフト——UK左翼セレブ列伝』『いまモリッシーを聴くということ』(以上、Pヴァイン)、『ヨーロッパ・コーリング——地べたからのポリティカル・レポート』(岩波書店)、『THIS IS JAPAN——英国保育士が見た日本』(太田出版)、『子どもたちの階級闘争——ブロークン・ブリテンの無料託児所から』(みすず書房、2017年・第16回新潮ドキュメント賞受賞)、共著に『保育園を呼ぶ声が聞こえる』(太田出版)がある。
ブログ　http://blog.livedoor.jp/mikako0607jp/

労働者階級《ろうどうしゃかいきゅう》の反乱《はんらん》　地《じ》べたから見《み》た英国《えいこく》EU離脱《りだつ》

2017年10月20日初版1刷発行

著　者 —— ブレイディみかこ
発行者 —— 田邉浩司
装　幀 —— アラン・チャン
印刷所 —— 堀内印刷
製本所 —— ナショナル製本
発行所 —— 株式会社 光文社
東京都文京区音羽1-16-6(〒112-8011)
http://www.kobunsha.com/
電　話 —— 編集部03(5395)8289　書籍販売部03(5395)8116
業務部03(5395)8125
メール —— sinsyo@kobunsha.com

　ISBN 978-4-334-04318-6

898
「代謝」がわかれば身体がわかる
大平万里

脂肪は悪者なのか？「代謝がいい」とはどういうこと？ 酵素は身体によいのか？ 最も身近なブラックボックス＝自分の体内で起きている真実に、豊富なたとえ話とイラストで迫る。

978-4-334-04304-9

899
鉄道時刻表の暗号を解く
所澤秀樹

紙の時刻表が売れ続けるのは、「広域の乗り継ぎ」「途中下車の自由時間」を俯瞰で知るのに便利だから。運賃手計算はボケ防止にも。〝非合理の楽しみ〟を味わう旅へ出発進行！

978-4-334-04305-6

900
ロボットアニメビジネス進化論
五十嵐浩司

月村了衛氏推薦！ 第一人者による、ロボットアニメと、その玩具・模型に関する進行形のビジネス史。〝オモチャ〟がなければ、マジンガーZもガンダムもマクロスも存在しなかった？

978-4-334-04306-3

901
誰も教えてくれない
大人の性の作法《メソッド》
坂爪真吾　藤見里紗

セックスがしんどい？ 「なかったこと」にされがちな様々な性の問題を一つ一つ多面的に検証し、理想と現実の間を生きていくための実践的な「大人の性教育」を学べる一冊。

978-4-334-04307-0

902
御社の商品が売れない本当の理由
「実践マーケティング」による解決
鈴木隆

「マーケティング神話の呪縛を解く！ 本書の内容をマスターせよ」――石井淳蔵氏（日本マーケティング学会初代会長）推薦。「19の呪縛」を解き、売れない時代に売れるしくみをつくる。

978-4-334-04308-7

903
ねじ曲げられた「イタリア料理」
ファブリツィオ・グラッセッリ

ピッツァはアメリカ生まれで、トマトソースはイタリアの伝統料理ではなく、オリーブオイルは偽装だらけ!? 「イタリアン」の常識を覆す、在日イタリア人による痛快料理エッセー。

978-4-334-04309-4

904
誰が「働き方改革」を邪魔するのか
中村東吾

私たちは、「働けど見返りの少ない現代の働き方」に疲弊してしまっているのではないだろうか? いったい、何が問題なのか? 〈頑張りたくても頑張れない時代〉を生きるヒント。

978-4-334-04310-0

905
ミレニアル起業家の
新モノづくり論
仲暁子

製造業とともに衰退する日本が蘇るためのヒントは、モノを持たない'80～'90年代生まれの行動にある。国内最大のビジネスSNSを運営する女性社長が、新しい労働と幸福の形を示す。

978-4-334-04311-7

906
「朝ドラ」一人勝ちの法則
指南役

「ぽっと出のヒロイン」「夫殺し」「故郷を捨てる」…etc. これらが朝ドラのヒット作に共通する要素である――ホイチョイ・プロダクションのブレーンによるドラマ・マーケティング論。

978-4-334-04312-4

907
名画で読み解く
イギリス王家 12の物語
中野京子

王家が変わるたび、途轍もない人物と想像もつかないドラマが生まれる英国。テューダー家、ステュアート家、ハノーヴァー家を名画とともに振り返る、大人気シリーズ第四弾!

978-4-334-04313-1

908
成功者が実践する「小さなコンセプト」
野地秩嘉

売れた物を毎日記録した柳井正、客を見ることを忘れない新浪剛史、一日も休まずコラムを綴る松本大、作詞のために酒をやめた秋元康…。人気作家が引き出す一流たちの血肉の言葉。

978-4-334-04314-8

909
テロvs.日本の警察
標的はどこか？
今井良

いま、ヨーロッパを中心に世界中でテロが頻発している。日本に暮らす私たちも、テロと決して無縁ではない。民放テレビ局で警視庁担当記者を務めた著者が、テロ捜査の最前線を描く。

978-4-334-04315-5

910
小説の言葉尻をとらえてみた
飯間浩明

小説の筋を追っていくだけでなく、ことばからも楽しむ――。『三省堂国語辞典』編集委員のガイドで、物語の中で語られることばの魅力に迫っていく、異色の小説探検。

978-4-334-04316-2

911
炭水化物が人類を滅ぼす【最終解答編】
植物vs.ヒトの全人類史
夏井睦

前作で未解決だった諸問題や、「糖質セイゲニストの立場から生命史・人類史を読み直す」という新たな試みに挑む。19世紀的知識の呪縛とシアノバクテリアの支配から人生を取り戻す。

978-4-334-04317-9

912
労働者階級の反乱
地べたから見た英国EU離脱
ブレイディみかこ

トランプ現象とブレグジットは似て非なるものだった！　英国在住、労働者のど真ん中から発信を続ける保育士兼ライターが、常に一歩先を行く国の労働者達の歴史と現状を伝える。

978-4-334-04318-6